人物叢書

新装版

樋《ひ》口《ぐち》一《いち》葉《よう》

塩田良平

日本歴史学会編集

吉川弘文館

樋口一葉の肖像

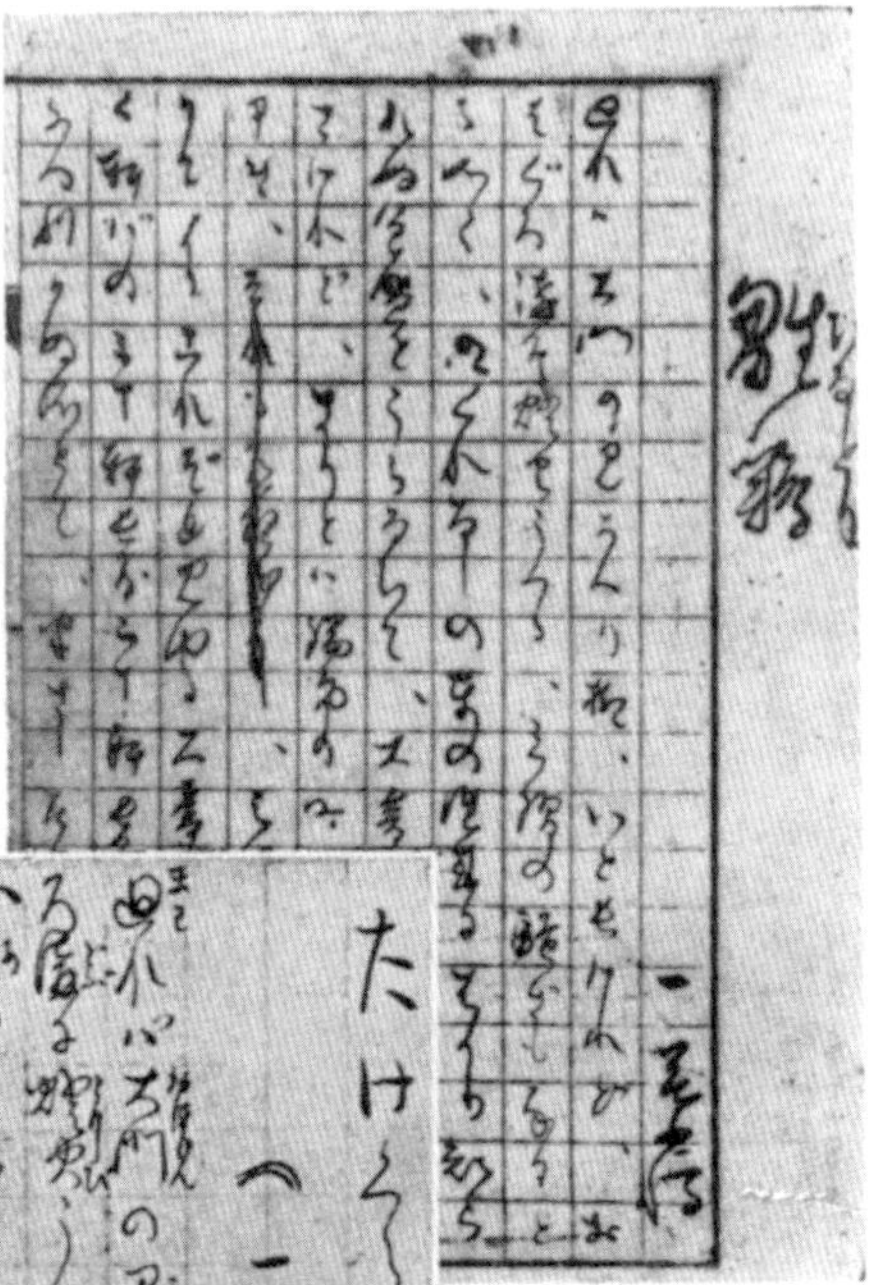

『雛鶏』の草稿

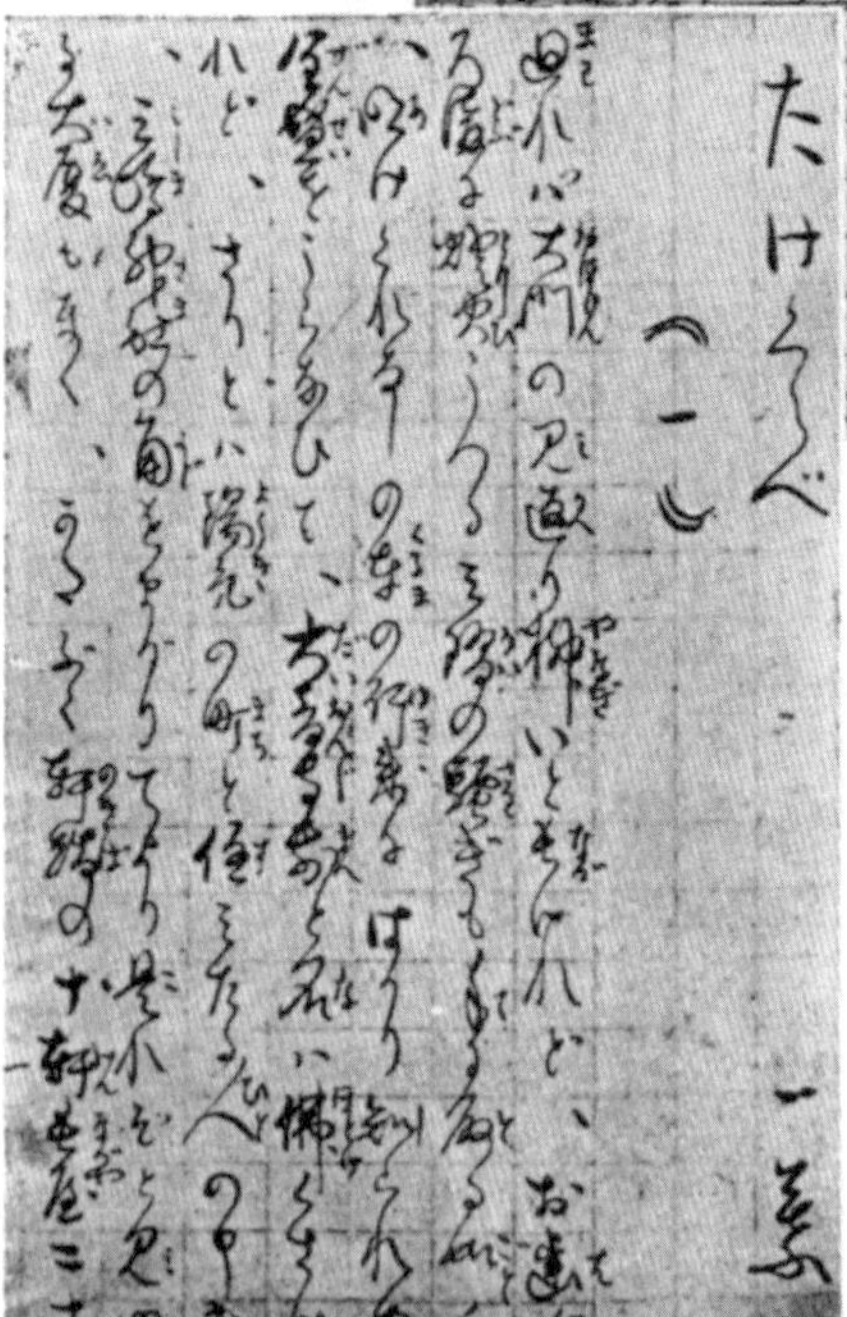

『たけくらべ』の草稿

（本文212ページ参照）

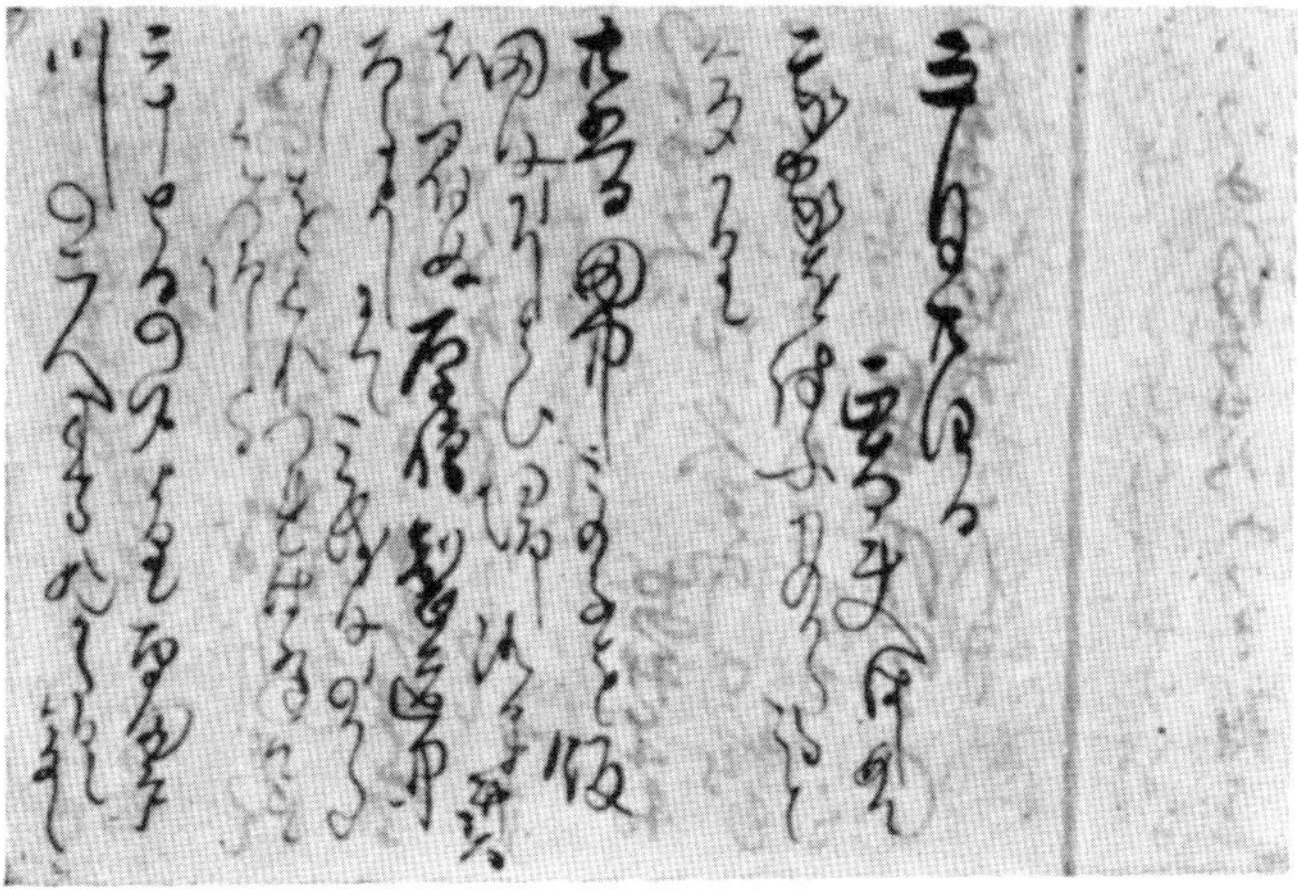

樋口一葉の日記（本文二四三ページ参照）

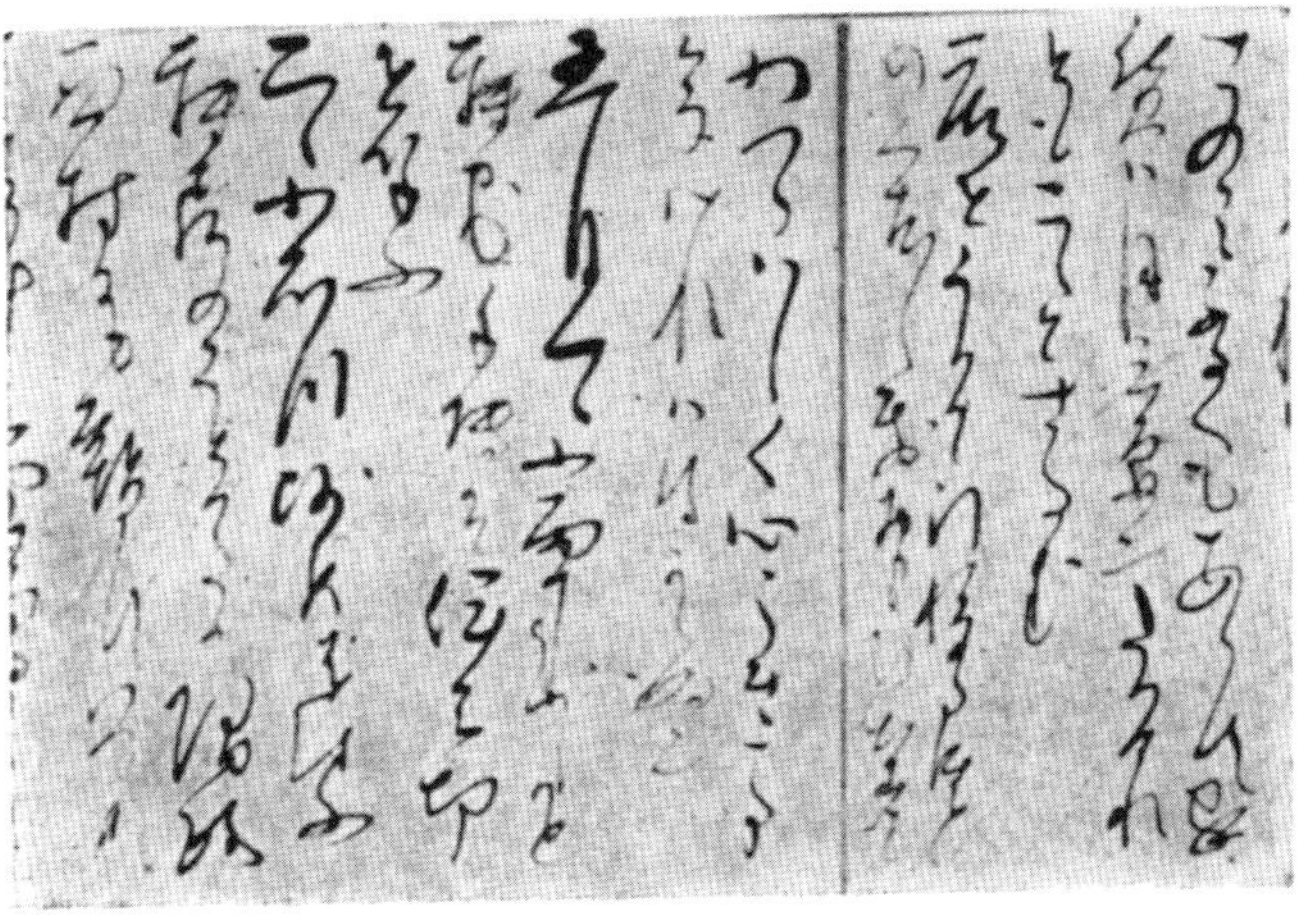

同　上（本文二〇二ページ参照）

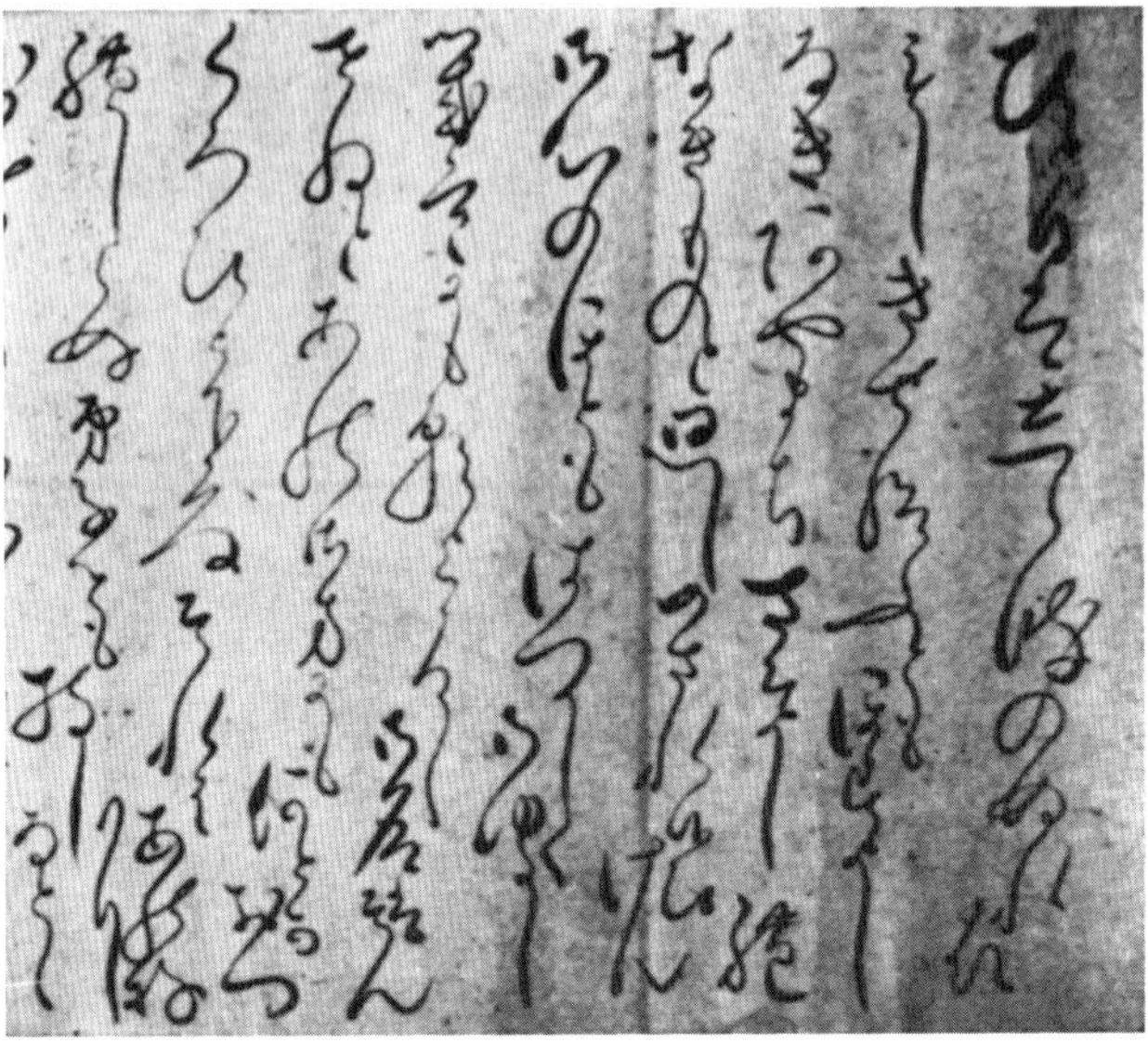

半井桃水あての一葉の手紙（首部）

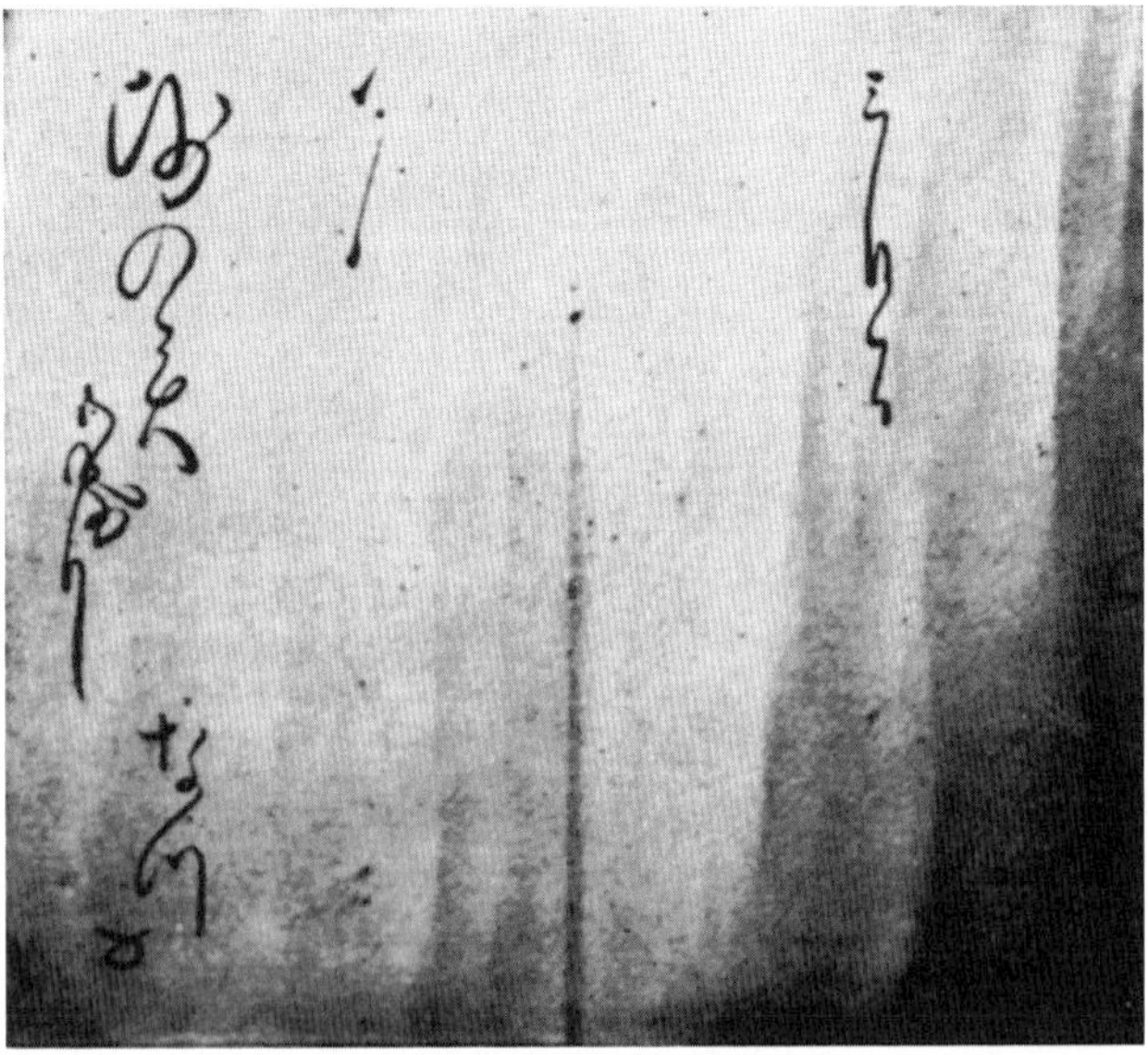

同　上（末尾）

（本文一一八ページ参照）

はしがき

一葉ほど愛惜《あいせき》された作家は尠《すく》ないだろう。二十五歳の若さで死んだ、ということも手伝っていようが、やはりいい文学を残したからである。それも、決定的な作品というのは、わずか一年ばかりの間に書いたものである。当時他に女流作家がいなかったわけではなく、彼女と同じように若死をした閨秀《けいしゅう》もないではないが、一葉の文学ほど今に至るまで愛読され、一葉ほど惜しまれているものはない。その意味では、不幸だった彼女の一生に比して、彼女ほど死後恵まれた作家はなかったと思う。

私は、一葉に培《つちか》われた封建的精神と明治時代の持つ自由の精神とが、彼女の中でどのように格闘して作品化して行ったかを眺めて、かぎりない興味を覚える。一葉が外部的なものをはね返して、次第に自分の内部のものに生きようとし出した時には、もう天寿の限界に迫っていた。私は一葉伝をかきながら、彼女のあわれさを感じ、明治の女性の運命を感じたのである。

ところで、私は本書をかくに当って、説明の便宜上、樋口悦氏の所蔵する『かきあつめ』に従って、叙述の体裁を整えた。『かきあつめ』は邦子の一葉年譜覚え書である。邦子はいうまでもなく一葉の妹であり、この所蔵者悦氏は邦子の長男である。『かきあつめ』は恐らく邦子が姉から聞き得た経歴に邦子自身の記憶を加えて作製したものであろう。だから内容に若干の錯誤もあり主観も混じている。後、斎藤緑雨がこれを土台にして訂正を加えたのが、在来の一葉年譜の原型となるのであるが、私はむしろ、最初の邦子自筆だけの覚え書の方が、簡潔で生き生きとしているので、これを基礎とした。もちろん補正すべき点を訂したことはいうまでもない。

次に本書の性質上、読者に読み易いように結論だけを示した部分が多い。従って、詳しい経路や依拠した資料を知りたい方は、拙著『樋口一葉研究』に当って頂きたい。右書発行以後に管見に入った資料や新見解については、できるだけ本書で補説したつもりである。なお、かなり省略したつもりだが、一葉生前の樋口家に紙数を費したのは、両親の体験から導き出された人生観・世界観がどのように一葉の人間形成に役立ったか、或いは損《そこな》ったかを説明する材料にしたかったからである。

最後に、本書の出版を慫慂《しょうよう》された高柳光寿氏に深甚の謝意を表する。性懶惰《らいだ》にして遅々として筆が運ばなかったが、漸くにして巻を成すに至ったのは偏えに同氏および編集部の激励のお蔭であった。

昭和三十五年三月

塩　田　良　平

目次

口絵

挿図

第一　幼年時代

一　樋口の家

樋口の家系

樋口家は甲州山梨郡中萩原村十郎原に住む、ほぼ十石取りの中農であった。現在は山梨県塩山市に属し、それ以前は大藤村と称せられた。代々八左衛門を称したが、一葉の曾祖父以前のことは判らない。現樋口家の当主樋口悦氏の所蔵する樋口家系譜によれば元来が武田浪人であるらしいが、詳細は不明で、中原氏支流の樋口氏が信濃から移って甲斐に土着し、農民となったものであろう。ただ後に説く一葉の父則義《のりよし》が直参《じきさん》の武士となる際、その祖父を武田浪人樋口権左衛門として公儀へ届け出たが、これは則義の家系を飾る作意であったようである。曾祖父

祖父八左衛門

八左衛門（則義によれば権左衛門）も祖父八左衛門も農民ではあったが、文事《ぶんじ》には関心をもっていたらしい。曾祖父が江戸に出府して、剣道指南をしていたという記録が、父則義の覚え書きにあるが、これは疑わしい。しかし、祖父の八左衛門になるとやや略歴がはっきりする。祖父八左衛門は南喬《なんきよう》と号し、詩仏大窪天民に詩を習い、又和歌・俳諧を親しんだ。則義の記録によれば、

> 八左衛門事南喬宅ノ南ニ柿ノ林アル為ニ号トス。大窪天民ニ詩ヲ習ヒ初子《し》偺《せん》ト号ス。真顔ノ門ニ入テ歌ヲ読ミ、歌名ヲ才太楼咲良。亦、草丸漫漫ト倶ニ俳諧ヲタシ（ナ）ミ、萩人ト言フ。年七十、明治四年十一月十九日歿ス。（『則義記録』巻五）

とある。この八左衛門は文事を嗜《たしな》むばかりではなく、いわゆる公事《くじ》ごとに興味をもった男らしく、耕作にはあまり従事しないで、村の口きき役として活躍したらしい。嘉永四年（一八五一）の水飢饉の折、中萩原には関係のない水利権に関する割当金を村役人から押しつけられたため、彼が先頭となって代官所にその不当なるこ

とを訴願したが容れられず、更に翌五年、中萩原村小前百姓百二十人の総代になって、老中阿部伊勢守（正弘）に直訴《じきそ》した、というから、政治運動に興味をもち、庶民の代表として権威と争う反抗精神をもっていた男であった。従って、幕末という社会改革途上に育ったため、彼は内外の情勢に対して敏感であり、当時の幕府布告その他触書《ふれがき》・御沙汰書に類する写しが多く残っている。八左衛門のこの丹念な写書癖はそのまま長男の則義にも伝わり、更にその子の一葉にも伝わっている。八左衛門は明治四年（一八七一）三月二日、七十歳で中萩原村で死んだ。

　この八左衛門の子に大吉と喜作がある。大吉は後に則義と改め、喜作が父の名を襲って八左衛門を名乗った。喜作には惣重郎・幸作及びはん・くらの四子がいたが、この喜作の代に至って家運が傾き、長男は早世し、幸作は身体虚弱で、若くして東京桜木病院で病歿し、二女はそれぞれ他家に嫁したために甲州に於ける樋口家は廃絶し、現にその廃墟と墓地とが残るのみである。

二　父則義

則義の青年時代

長男大吉は天保元年（一八三〇）十一月二十八日に生れ、台橘《だいきち》とも書き、出府後は八《や》十之進《そのしん》・為之助と改め、明治五年（一八七二）以後は則義を名乗った。彼の自記によれば、「生来農を好まず、経書《けいしょ》に心をよせ、同村なる浄土真宗法正寺の是証《ぜしょう》に修業す」とある。村の伝説によれば、幼にして

大藤村の樋口家旧蹟
（現在は畑地，後方は樋口家墓地）

同村曹洞宗の古刹《こさつ》慈雲寺の白巖和尚に書法を学び、俊敏の誉れがあったと言われるが、現存の彼の筆蹟を窺うと相当の達筆であったことが判る。この慈雲寺がいわゆる寺小屋で、彼がここに往復する間にその道筋にある古屋安兵衛の長女あやめと識《し》りあった。古屋は樋口と同じ中農であるが、降矢《ふるや》三郎を祖とする一族で、由緒《ゆいしょ》ある家だった。あやめは左に示す当時の宗門帳によれば、大吉と六つ違いだが、実際は四歳年下であった。

中萩原村　宗門人別帳（嘉永三戌年三月現在）

浄土真宗　　法正寺旦那

古屋安兵衛　　　　戌四十四歳

同人女房　　よし　　戌三十七歳

同人父　　柳右衛門　戌七十二歳

同人母　　屋よ　　戊六十四歳

同人伜　利吉　戌十九歳
同人娘　あやめ　戌十五歳
同人伜　宇助　戌十三歳
同人娘　なつ　戌九歳

浄土真宗　萬福寺旦那
樋口八左衛門　南喬　戌四十九歳
同人女房　婦さ　戌四十六歳
同人伜　大吉　戌廿一歳
同人伜　喜作　戌十九歳
（以上、中巨摩郡浄光寺大辻俊孝氏の調べによる）

あやめを連れて故郷を出奔す

安政四年四月六日、大吉とあやめは故郷を捨てて江戸へ出奔した。大吉二十八歳、あやめ二十四歳の時である。出奔の動機は父八左衛門から伝わる鬱勃《うつぼつ》たる野心によるものであろうが、その直接の原因はあやめが妊娠八ヵ月となり、しかも二人の仲を古屋氏が許さなかったことにある。

二人はまず御坂峠《みさかとうげ》を経て、川口・吉田に出て須走《すばしり》から小田原へと抜けて、東海道に出て、四月十三日江戸に着いている。そして翌日九段下の蕃書調所役宅の真《ま》下《しも》専之丞を訪ねた。この出府から江戸に留まる数ヵ月の行動を、大吉は手帳に丹念につけている。『出府日記』と称する十九枚、三十枚とじの現存二冊がそれである。

さて大吉が訪問した真下専之丞は、益田氏、藤助と言い中萩原の農民出身であった。大吉の父八左衛門と親しく、早く志を決して江戸に出、旗本奉公中貯えた金子を以て幕臣真下氏の家禄を購《か》い、真下氏を相続して専之丞を名乗った。大吉出府当時は蕃書調所の調役であり、間もなく調役組頭となっている。大吉はこの

大吉蕃書調所の小使となる

あやめ稲葉家へ仕える

専之丞を訪ね、調所の小使となって専之丞に扈従《こじゅう》し、当時の知識人の面識を得たが、妻あやめの方は長女ふじを生み落すと、湯島三丁目稲葉大膳なる旗本方へ乳母《めのと》奉公に上った。そのため長女ふじを里子に出したが、幼にして両親の功名野心の犠牲になった彼女は、長じても親子の情愛がうすく、不幸な一生を終った。

ところで、あやめの奉公先き稲葉家の息女即ち彼女が乳を含ませた姫君が、後年『一葉日記』に出てくる零落《れいらく》した稲葉鉱《こう》である。

出府してから、大吉は八十之進《やそのしん》と改名した

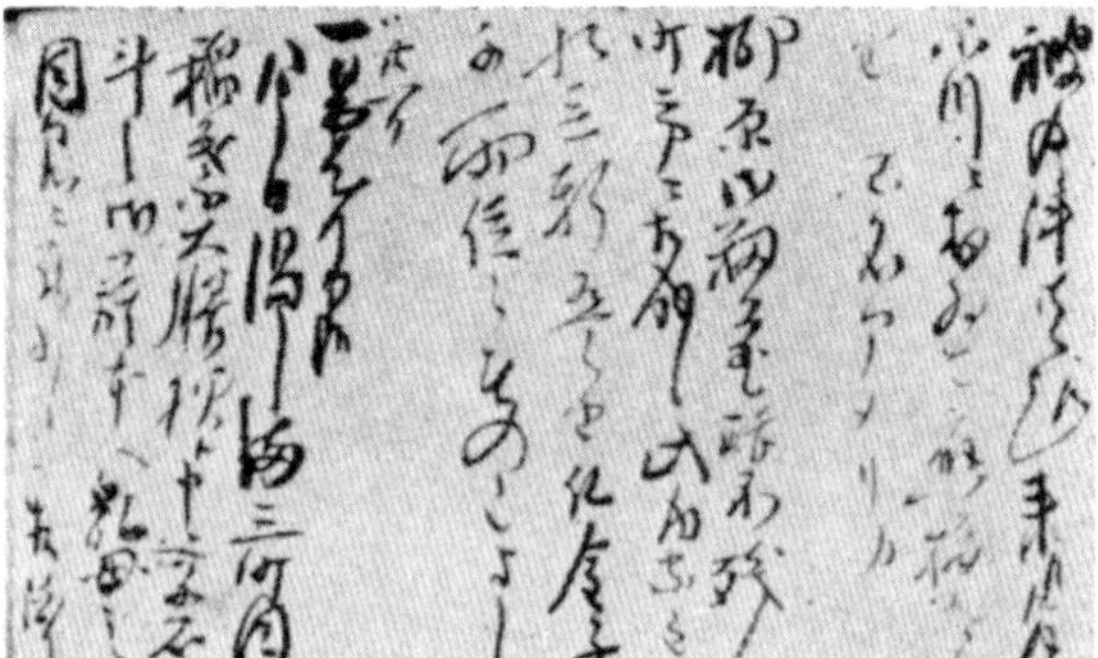

父，則義の日記

八十之進菊池家へ仕える

が、その翌年安政五年、八十之進は大番組与力《よりき》田辺太郎に従って大坂城勤番《きんばん》を勤め、翌年、江戸に帰った。まもなく神田佐久間町、勘定組頭菊池大助方に仕官し、給料一ヵ年四両一人扶持で秘書役を勤めた。菊池氏は後の伊予守隆吉で、大目付・勘定奉行・外国奉行を歴任した人である。文久三年（一八六三）、大目付に昇進した時は表高《おもてだか》千石で外国奉行を兼任したが、この時八十之進は公用人に抜擢《ばってき》された。この間あやめは稲葉家を退き、夫の起居する下谷菊池家の長屋に共に住んだ。あやめは既に多喜《たき》又は滝と改名していたらしい。元治元年（一八六四）四月十七日長男泉太郎が生れ、また慶応二年（一八六六）十月十四日次男虎之助が生れた。

八十之進同心浅井竹蔵の株を買う

慶応三年三月八十之進は菊池家から暇をとり、南町奉行組下同心の列に加わった。彼は元来先輩真下にならい幕府の直参たらんとする野心をもっていたので、菊池家仕官中相当の蓄財《ちくざい》をしたらしい。たまたま真下専之丞の推薦によって、同心浅井竹蔵の生活が困窮していたので、若干の金をもってその同心株を購《か》い得たのである。

これらに関する詳細な記録は樋口悦家に現存する『則義覚書』によって明瞭であるが、ここではごく簡単にその経緯だけを記して、当時幕臣の株がどのように売買されていたかを示そう。

八十之進は菊池家から暇をとると、樋口為之輔と改名し、当時撒兵《さんぺい》頭並《いがしらなみ》内藤遠江守の組下西村熊次郎「厄介《やっかい》」となった。西村は撒兵即ち歩兵である。「厄介」とは寄人《よりうど》のこと。しかしこれは形式だけのことであって、実際は為之輔が金員を贈って、西村方に籍を置かせて貰ったのである。但しこの時の届出には為之輔は菊池伊予守家来、樋口八十之進の弟ということになっており、全く別人の形式をとっている。幕末混乱の当時であり、これらの疑点は上司から看過《かんか》されたのであるが、「厄介」を正当化させるために、西村は為之輔を私実弟と披露している。このようにして直参の西村熊次郎実弟となった為之輔は、これで自分の身分は出来上ったので、同心株を買う素地が作られたのである。この時西村には二十両の礼金を払ったらしいことが現存の金銭受授証書で明らかにされている。

当時八丁堀の同心浅井竹蔵なる者が北島町の組屋敷にいて生活に困窮していた。禄高は三十俵二人扶持、南町奉行五番組仁杉八右衛門の配下であった。この時二十八歳、為之輔より十歳の年下である。竹蔵・為之輔両人は話合いにより、竹蔵が病気のため奉公不可能により跡目を為之輔に譲るということになった。その時の為取替《とりかわせ》証文が残っている。

為取替証文之事

一此度御従弟浅井竹蔵殿御事御病身に付御奉公相勤難被レ成候ニ付、拙者弟為之輔義、直家督御対談相整、持参金百両之内五拾両貴殿方江御渡申遣候、尤家督願相済候ハヾ残金五拾両者御渡可申候、且万一故障之儀出来御願相済不レ申節者、今日御渡申候五拾両者無ニ相違一御返却可レ被レ成候

一浅井家之儀、退転無き様永続為《させ》レ致可レ申事

一家督相済候上者、改姓為レ致可レ申事

一御菩提所浅草正安寺之儀者永代御営、御年回等無ニ懈怠一急度《きつと》相守申事

一御母御事御引請申候上者、衣類其外共差支無様為レ致可レ申候事

右之通取極候上者、外より違乱申もの無ニ御座一候、御互に実意を以永く相親ミ可レ申候、為レ証為ニ取替《とりかわす》一証文仍如レ件、

慶応三卯年五月十六日

樋口　為之輔㊞

真下　専之丞㊞

西村　熊次郎㊞

飯田　一蔵殿

古谷　銹助殿

浅井　竹蔵殿

これによれば、跡目相続の願を竹蔵が提出する時、手付け五十両、それが許可された場合は、後金《あときん》五十両を差し出すこと。その代り、相続したら樋口は浅井と改姓し、浅井家を盛り立て、竹蔵の老母を引きとり、且つ菩提寺を浅草の正安寺に移すということ、などが主な条件である。

為之助直参となる

さて右の約束によって竹蔵が提出した跡目相続願は問題なく許可された。為之輔は一躍《いちやく》幕臣となった。但し西村熊次郎実弟という同格の身分だったからだろうか、浅井と改姓しないで、樋口為之輔の名儀で相続を許された。この問題については真下専之丞が有力な発言者であり、その実力が問題を簡単に裁《さば》かせたのであろう。しかし、これに要した為之輔の諸費用というものは莫大なものである。彼は竹蔵に百両を渡したほかに、竹蔵の借金二百八十二両二分と銀十二匁の借金を引き受けた。もっともその中の大口は竹蔵が町会所から五十ヵ年賦《ねんぷ》で借りた二百四十両ばかりの金であったので、これは間もなく、明治維新のごたごたで返済する必要がなくなってしまった。

さて竹蔵は離籍して町人となって浅草に移ったが、結局約束通りの条件はうやむやになった。その老母ひさも暫くはあずかったが、金をつけて帰してしまい、菩提寺の浄土宗正安寺も樋口家の真宗とは宗旨違いなので、後に本願寺に変えてしまった。結局浅井とは絶縁してしまったのであるが、時は既に明治新政の時代であり、同心の位置は消滅していたので、為之輔が浅井に義理を立てる必要も全然なくなってしまったわけである。

しかしそれは後のことで、いずれにせよ慶応三年(一八六七)七月十三日幕臣となった樋口為之助(まもなく輔を助にかえた)の喜悦たるや察するに難くない。彼は真下専之丞と同じく甲斐の郷党に誇るべき輝かしい地位を獲得したのである。然るに、その後僅か数ヵ月即ち十月十四日には、将軍慶喜《よしのぶ》が大政奉還を奏し、徳川幕府は転覆し、将軍・大名・旗本・陪臣《ばいしん》を頂点とする士農工商の身分制度が壊滅した。勿論樋口為之助の粒々《りゆうりゆう》辛苦もここに水泡《すいほう》と帰せざるを得なくなったのである。彼の庇護者《ひごしや》であった真下専之丞は世を慨《がい》して横浜に隠棲《いんせい》した。時に為之助三十九歳、いわば男盛りの年齢であった。

為之助東京府属となる

慶応四年(一八六八)九月八日明治元年と改元され、為之助はそのままその身分を新政府によって保証され、外国人居留地掛下役となっていたが、まもなく戸籍掛となり、翌二年、東京府権小属を命ぜられ、ついで小属となり、明治七年には中属となり、明治九年十二月、本官を免ぜられるまで、九年間東京市政の訴訟・社寺掛り等の事務を担当した。この間彼は北島町の旧屋敷から東京府構内長屋に移転した。明治二年八月である。当時幸橋《さいわいばし》内と言われ、内幸町一丁目である。

明治三年二月元同心の身分禄高を申告するに当って為之助は本禄十三石、家禄二十六石とし、肩書に士卒属とした。譜代の申渡しを受けている上級御家人以外

はすべて卒に編入され、同心もこの卒に当るわけで正しくは卒と書くべきである
が、彼が殊更に士卒属と名乗っているところに、彼の旧身分に対する並々でない
郷愁《きょうしゅう》が感じられる。事実為之助は江戸出府以来士人と交わり、身分も陪臣《ばいしん》侍に
準じていたので、武士の誇りを棄てがたかった。妻滝も稲葉家に於いて武家の躾《しつけ》
を充分体得《たいとく》して来た女である。従って彼らが直参の武士となり、その妻と言われ
たことは、彼らが漸く出世街道に乗りかかった時である。それだけに一朝幕府の
瓦解に会い、自力で克《か》ち得た肩書に対する郷愁は深かったらしい。従って直参だ
ったという彼らの誇りは、勢いその子女達に対しても強い武士的な躾となって現
われている。武士としての義理・体面を汚すまじく躾《しつ》けられたのはひとり泉太
郎・虎之助のみならず、女子である夏子・邦子にも強い影響を及ぼした。一葉の
表面的なつつましさは、武士の娘としての忍従を強《し》いられた結果によると言って
も過言ではない。

士族の誇りと樋口の家風

三　一葉の幼時

明治五年(一八七二)三月二十五日、次女奈津が生れた。父の為之助四十三歳、母滝三十九歳の春である。その出生届に左の如くある。

　私妻儀、今朝第八時女子出産仕候、此段御届申上候

　　壬申三月二十五日　　樋口　為之助

明治五年は十二月三日で新暦の六年一月一日に変るので、もしこの日を現在の暦で逆算すれば明治五年五月二日に当る。当時姉のふじが十六歳。長兄泉太郎は九歳。次兄虎之助は七歳であった。明治二年二月二日三兄大作が生れているが、これは夭死した。生家の正確な地籍は、東京府第二大区小一区内幸町一丁目一番屋敷である。

奈津生る

奈津は夏とも或いはなつとも書くが、これが後年の一葉である。以下便宜上、

一葉が通常用いている夏子を使用する。なお夏子が生れて間もなく為之助は幕臣としての通称為之助の名称を捨て、則義に改名届を出した。五月十七日のことである。

明治七年（一八七四）五月になって、則義は持高十三石の代償として六ヵ年分の米七十八石右代金四百七十六円十七銭（内二百五十円は公債）を府知事大久保一翁より受取り、この収入は土地買売業及びやみ金融の資本として後に役立つことになった。また、この年六月二十二日三女くにが生れた。十月長女ふじが旧宇都宮藩の典医和仁《わに》元利の長男元亀と結婚したが、この結婚は翌八年七月二十三日解消した。

父と二人の兄
（左から次兄虎之助，父則義，長兄泉太郎）

本郷の家

さて、これより先、二月二十一日則義は麻布三河台町五番地に転居したが、明治九年四月四日、本郷六丁目五番地に移り住んだ。家屋四十五坪、宅地二百三十三坪で、土蔵及び長屋の附属した相当に広い屋敷であった。ここには六年間住んでいる。則義が経済的にもっとも豊かな時代である。一葉の近眼は、幼時両親の眼をかくれて土蔵の中で草双紙《くさぞうし》を読んだためだと、馬場孤蝶が一葉自身から聞いたといわれているが、それが彼女の見栄坊の言いわけではなかったことが、現に土蔵付の家屋図が樋口悦家に存していることでも判る。

一葉の幼時

一葉の幼時については徴《ちょう》すべき文献もないが、明治七年十一月、読売新聞が発行され、樋口家でこれを購読し、兄達が声を出して読むとまだ三歳の夏子がこれを真似《まね》た。それが如何にも大人びてませていたので周囲の者が驚いたと、後に妹くに子がその母から聞いたそうであるが、その程度の伝説しか残っていない。夏子五歳の明治九年十二月、則義は東京府中属をやめ、暫く金融・土地売買その他

母と姉妹
（左から母たき，次女なつ，三女くに，後は長女ふじ）

近所の霊運院境内貸地の差配などしていたが、翌十年小遣とりのために警視局の傭《やとい》となった。夏子は十年三月、一時本郷学校へ入学したが、幼少のため続かず、その秋頃本郷四丁目の吉川富吉の始めた私立小学校に入り、ここで小学読本並びに四書の素読《そどく》を教えられ、翌十一年六月同校下等小学第八級を卒業した。その後どの程度まで進学したか判らないが、十四年春ぐらいまで在学したことと思われる。『一葉日記』によれば、「七つといふとしより草双紙といふものを好みて云々」（二十六年八月中）とある。吉川学校へ入ったのは六歳からで、そのころどのような草双紙を読んだか明らかでないが、読本《よみほん》・合巻《ごうかん》特に馬琴の豪傑もの、俠客《きようかく》ものが好きであったらしい。次の談話筆記は一応の参考になる。

七つの歳《とし》に、三日で八犬伝を読んだと申しますので、よくそんなに早く読みあげたと私が云うと、「眼がふたつあるから、二行宛読めるでしょう。ほ、ほ、ほ」と夏ちゃんが云いました。（一葉さん、穴沢清次郎、一葉全集月報）

姉ふじと久保木長十郎

このころ樋口家に一大事件が起った。それは先に和仁家から離婚して帰って来ていた長女ふじが、武蔵比企《ひき》郡松永村の農民善平の四男久保木長十郎と懇《ねんご》ろになったことである。長十郎は嘉永五年生れで、ふじより四歳年上で、当時定職なく周旋《しゆうせん》業や他業の手伝いなどをやっていたらしい。同地区内に住んでいたために親しんだのである。しかしこのことは則義夫婦を怒らせた。男女媒《なかだち》なくして相会うべからず。まして両親の承諾なくしてひそかに款《かん》を通ずるが如きは淫婦《いんぷ》の所業《しよぎよう》とみなす社会慣習だったから、当然そこに親娘《おやこ》間の悶着《もんちやく》が起った。しかも相手の長十郎は定職の無い百姓上りである。家格を重んずる則義が、これにあきたりないのはいうまでもない。もっとも考えてみれば則義夫婦がすでに農民の出で、駈落ちまでして自ら自由結婚の範を示したくらいだから、ここで文句を言える資格はないのだが、しかしその後長年の辛苦でつくり上げた武士の地位と鍛え上げた武士的精神とは、現在の娘の気持に同感するには、余りにかけ隔ってしまったせいもあったろう。樋口家の伝説によれば、ふじはそのために一時勘当されたということであるが、結局、親子の関係は争われないもので実際は円満に解決し、明治十二年十月二十日付則義と長十郎連名の下に本郷区長宛に、士族樋口則義長女富士を平民久保木長十郎方へ嫁付《かたづ》けたという届書が出ている。則義はこの時五十円を長十郎に与えており、また二人の間に長男秀太郎が生れた時も、七円という大枚《たいまい》を与えている。

しかし何と言っても自分の娘を思いもよらない卑賤《ひせん》の者に取られてしまったと

いう悔恨《かいこん》は、その反動として、次の娘達に強い封建的な恋愛蔑視観《べっしかん》を植えつけさせた。これが他日一葉の恋愛に強い制約を与えることになったのである。勿論則義としては、半生を投じて築き上げた樋口の家門を二度と汚《けが》されたくないと考えたからであろう。当時八歳の夏子にはその間の事情は呑み込めなかったに違いないが、彼女が後日、日記には往々義兄長十郎を呼び捨てに書いているところを見ても、両親からの言いふくめが暗々裡《あんあんり》に彼女の長十郎観を決定させたと見ても差支えなかろう。

両親の恋愛観

則義や滝の恋愛観を知るよすがとなるものに、『雪の日』の一節を挙げることが出来る。薄井珠《たま》が桂木一郎なる教師を人知れず恋する。それを母親代りの伯母がたしなめる言葉の内容は恐らく一葉の母　滝の思想をそのまま写したものであろう。

桂木様は其方《そち》を愛《め》で給ふならん、其方《そち》も亦慕はしかるべし、されども此処に規定《きまり》ありて、我が薄井の家には昔より他郷の人と縁を組まず、況《まし》てや如何に学問は長じ給ふとも、桂木様は何者の子何者の種とも知らぬを、門閥《いえがら》家なる我が薄井の聟《むこ》とも言ひがたく嫁《よめ》にも遣《や》りがたし、よし恋にても然《し》かぞかし、

(『雪の日』)

つまり、恋愛を否定し、結婚の相手は自分の意志や愛情だけで決定してはならず、親が認めた、わが家につりあう家柄の者からえらぶべきであるというのである。

一家で下谷に移る

明治十四年(一八八一)六月、則義は在来の本郷六丁目の邸を売却して下谷御徒町一丁目十四番地、更に三丁目三十三番地へ転居した。それに伴いすでに吉川学校を退学していた夏子は改めて私立青海学校へ入学した。そして明治十六年彼女が十二歳の時高等科第四級を一番で卒業しているが、更に上級に進むことがなく退学してしまった。これは両親特に母滝が女にこれ以上の学校修業は不必要だと認め

一葉歌才認めらる

たからであるらしい。しかし父の則義は一葉の文学好きを幼時から認めていたようである。この青海学校在学中、東北出身で和歌を嗜《たしな》む教師がいて、彼女を特に愛して文学や歌を指導したと言われているが、その教師の名前は今では判らない。これについて妹の邦子が後年次の如く語っている。

　極く幼い折、未だ中島先生にあがりませんうちに、御父様時代（佐々木弘綱のこと）に佐々木先生にあがつたことがありますので、それは松永正愛と申す親類が御座ゐまして、そこに裁縫稽古にまゐつてをりましたが、松永が弘綱先生の御弟子であつたもので、そこへ信綱先生なども御ゐでになり、親しく御目にかゝつて、御話を御伺ひしたやうにいつて居りました。（中略）小学校の時分、青海学校の先生が歌を一寸よんでゐたやうで、其影響ではじめたらしく、当時「筆」といふ歌でよんだのに、「ほそけれど人の杖とも柱とも思はれにけり筆のいのち毛」といふのがあります。（姉のことども、樋口邦子、『心の花』大正一一年一二月）

これによれば、夏子は竹柏園の佐々木信綱から歌の話を聞いたことになっており、その点に関しては信綱博士も記憶があったと言われる。しかし、と言って、夏子が竹柏園の歌風を学んだ形跡もないようである。前記の「細けれど」の歌は何歳の時の作か判らないが、恐らく十一―二歳の頃の作であろう。子供の歌としては整い過ぎ、こまっちゃくれているが、たぶんその歌好きの教師の添削《てんさく》によるものであろうか。

父一葉の文才を愛す

夏子は子供の時からすぐ肩が凝《こ》る、特に針仕事は近眼のせいもあり不得手《ふえて》だったようである。母は針仕事や家事の見習いなどをさせるために学校を退学させたと言うが、退学しても結局いわゆる女芸《おんなげい》に精出すよりも読書の方に時間を費したようである。特に則義は元来詩歌の道に関心を持っていたに関《かか》わらず、世俗的な立身出世に浮身をやつしたため、好める道を貫くことが出来なかった後悔がある。それをせめて文学好きの夏子に好む道を修業させることによって、自分の果し得

旧八丁堀同心和田重雄

なかったものを果させるつもりがあったらしい。現に樋口悦家で一葉蔵書として保存されている古典の板本《はんぽん》類は則義所持のものもあるが、主として彼が娘のために幼年時代から買い調えてやったものと思われる。従って青海学校退学後も娘の歌道稽古については熱心であり、自ら旧幕時代の知人和田重雄なる人物に歌を習わせた。重雄は旧八丁堀の同心で、専門歌人ではなく、歌は余戯《よぎ》ではあったらしいが、幕末に発行された『鴨川類題集』第三・第四編に数首ずつとられている。『鴨川集』は本居内遠《うちとお》・中島広足《ひろたり》・井上文雄・大田垣蓮月《れんげつ》・平賀元義・鈴木重胤・平田篤胤・本居大平《おおひら》・税所敦子《さいしょあつこ》らの国学者・歌人を網羅《もうら》した膨大な歌集で、歌風は大体古今調《こきんちょう》が中心である。さて夏子がこの重雄からどの程度の指導をうけたかは判らない。重雄宅は八丁堀新湊町で、御徒町三丁目の自宅から通うには十三歳の少女の身としては相当の道のりである。恐らく詠草《えいそう》を送ってそれを添削して貰った程度であろう。樋口悦家には邦子筆の『かきあつめ』——樋口一葉略伝下書——

と題する一葉の略歴が残っているが、それによれば「郵便にて稽古せしがほどなくやめ」とある。その期間は半年ほどと言われているが、実際は二―三ヵ月程度ではないかと思われる。

この年即ち明治十七年(一八八四)十月には、樋口宅はまた転じた。同区西黒門町二十二番地である。この家の当時の買値は百二十二円五十銭だといわれる。則義は当時警視属として月給は僅か二十円だが、副業の金融で収入があり、生活は楽な方であった。

邦子の『かきあつめ』はまだ発表されたことのない新資料であるから、初めの部分をここにとりまとめて掲げておく、このあとはそれぞれ次節以下の本文中に引載してある。

かきあつめ

――樋口一葉略伝下書――

邦子

明治五年三月東京府庁官舎に生れ。

九年四月本郷六丁目、今の哲学書院の奥に移る。いとけなきより物よむことをこのむ。

十年二月本郷小学校え入門。ゆゑありてほどなく退校。

十一年六月本郷四丁目に僧あがりの手習師匠あり、それえ入門す。

十四年六月家に種々の出来ごと有て、家を下谷御徒士町にうつす。十一月池之端に青海学校といふ私立学校え入門。

十六年十一月退校。

十七年一月父の知り人にて、八町堀に哥よむ老人ありそれえ入門。郵便にて稽古せしがほどなくやめ、これよりはぬひものゝ稽古をなす。

十九年八月遠田澄庵の紹介にて中島哥子の門に入。

廿年十二月兄を失ひ、

それよりだん〴〵わざわひおこり親は老人なり、かつ其折は病しんにてすべて世の中のことをそれより知りはじめし、

されど今一人の兄のあれど、これはやう小の時より兄のあしかば別家になりおればとて、相続人となる。

廿一年五月あまりに親のよわければ、兄のそばよからんと芝高輪え移る。

其とし人のすゝめに寄て、をかしき会社を父のたてんとて、九月半神田表神保町え移る。

第二　少女時代

一　萩之舎入門

夏子萩之舎入門

当時の歌壇

夏子が中島歌子の萩之舎《はぎのや》に入門したのは十九年(一八八六)八月二十日、彼女が十五歳の時といわれているが、この当時の歌壇は大体御歌所派の高崎正風・小出粲《つばら》・伊東祐命《すけのぶ》・間島冬道などがおり、これらに対して、いわゆる民間歌人としては、佐々木弘綱・同信綱・鈴木重嶺《しげね》・江刺《えさし》恒久その他があり、これらはそれぞれ結社または塾を持ち、毎月月次会《つきなみかい》を催して互いに交渉があり、大体古今《こきん》を祖とする桂園派が中心で、海上《うなかみ》胤平・天田愚庵・福本日南のような万葉調は一部分で、子規・鉄幹はまだ年少で、落合直文・井上通泰・池袋清風らの新調も微々たるものであった。女流歌人としては八田《はった》知紀《とものり》門の税所《さいしょ》敦子がいたが、民間女流としては本所の鶴久子と、小石川の中島歌子がそれぞれ子女を教えて有名であった。

中島歌子

歌子は小石川安藤坂に水戸藩の定宿《じょうやど》を営んでいた中島又左衛門の次女で、十八歳の時水戸藩の林忠左衛門と結婚して水戸に赴《おもむ》いたが、夫が天狗党に属し、佐幕派と闘争のため戦歿してから再び江戸に帰り、母のいくと生家に住み、萩園《しゅうえん》加藤千浪《ちなみ》の門に和歌を学んだ。同門に柳園伊東祐命がいた。千浪は明治十年に歿したが、その前後から歌子は歌門を開き、植込みに萩を植え、萩之舎と称した。前記の祐命は御歌所《おうたどころ》派の小出粲・高崎正風などと交わり、御歌所出仕となったが、歌子と祐命とはかなり親交があったらしく、その関係でいわゆる名流夫人が萩之舎に入門した。だから夏子が入門した明治十九年頃は、萩之舎の全盛時であった。皇族・華族、高官の夫人・令嬢が集まり、一時は門下生千余人を数えたという。

萩之舎入門の経緯

夏子は必ずしも中島歌子門に入ろうとしたわけではなく、たまたま則義が旧幕時代の奥医者遠田澄庵《とおだちょうあん》に娘の歌の師の選定について相談した時、歌子の名前をもらしたので、則義は当時歌子といえば華族女学校の学監下田歌子が歌人として有名であったので、この歌子と間違えて一応照会をしたらしい。しかし、下田歌子は個人的には歌を教えないというので、改めて遠田の紹介で、萩之舎に入門した。この間の事情は『一葉日記』二十六年八月十日の項に詳《つまびら》かに記している。

樋口の家庭と夏子の性格

当時則義は西黒門町に住居し、警視庁に在職し、兄泉太郎を明治法律学校（のちの明治大学）に、妹邦子を敬愛学舎に入学させた。生活的にはそれ程逼迫《ひっぱく》してはいなかった。最初の師和田重雄は専門の歌人ではなかったので、則義は夏子の才能を認め、交際は張るが、敢えて萩之舎に学ばせたのである。夏子自身も学校時代は成績が優秀であり、親戚・知人間でもいわゆる才女と認められており、世間というのをまだ知らない年齢であり、入門当時は未来の大歌人を夢見て、かなり意気込みも強かったろうと考えられる。その一つの現われに、萩之舎の歌会の時、五目ずしの皿に「赤壁《せきへき》の賦《ふ》」が書いてあった。それを同門の先輩、乙骨《おつこつ》牧子がちょっと口ずさむと、夏子がその後をそり身になって、気どって読み上げたという。当時の様子を三宅花圃《かほ》は、

姉弟子花圃の見た夏子

たしか一葉さんが十五の時でした。中島先生がね、「今度面白い娘が来ましたよ」つておつしやいましてね。歌の会の折、私と牧子さん――江崎さんの奥さんで、当時は乙骨牧子と云ふ方、あの三郎さんなんかのお姉さん――この方はとても才物で、まぁおてんばなんでした。その方と私とは仲よしでしてね。で二人が床を背にして座つてますと、小さい娘がチョコ〳〵と入つて参りまして、それが一葉さん、丁度その時五目寿司が出まして、その皿に赤壁賦が描いてありました。江崎さんはそんな事はよくお分りの方で、一寸口ずさんだんでございますよ、そうしますと、小さな一葉さんが突然「壬戌之《じんじゆつの》秋七月既望《きぼう》、蘇氏与《と》レ客泛《うかべて》レ舟《を》、遊《ぶ》ニ於赤壁之下《に》ニ」と一句口ずさんだんですよ。

その時一寸そり身になつて、気どつてね。でまあ、生意気な娘つて事になりまして私も少し位いぢめたかも知れません。江崎さんもきつと相当いぢめたんでせう、然し一年たつとすつかり変つて、生いきな風はまるでとれて了つて、世なれて、……（一葉追憶座談会『評論』昭和一〇年二月）

これは今では有名な話だが、そこにはまだ少しも物おじのしない意気颯爽《さつそう》たる少女夏子の面影が見える。しかしまた一方、そのことが姉弟子達から見れば、生意気な娘だということになり、いじめられる原因にもなったわけである。

彼女が入門した当時を最も素直に物語った談話に、同門の伊東夏子の思い出がある。

同門伊東夏子等の平民組に落ちつくまで

夏子さんが入門した当座は下をこゞみがちで、隣に居た人にも話しもしませんでした。みの子さんが「今度お弟子入りした樋口さんと云ふ人は継子みたいだね」と言ひました。それは強度の近眼で、隣に座つてゐる人の顔も一瞥《いちべつ》した位ではハツキリ分らなかつたからでせう。上目でジロ〳〵人を見たと云ふのは反対です。毛は薄毛でしたが、少しもちぢれてはゐませんでした。入門当時は、父君も健在でしたので月謝も普通に納め、たつ子さん（花圃女史）や私などと少しも変らぬ通ひ弟子で、女中ともつかず、内弟子ともつかぬ、働く人としての約束で弟子入したのではありませんでした。ですから特別に目をかけてやつてくれなどと師匠が人に頼む筈はありません。

馴れて来てから、みの子さんや私の、平民組と一緒に、会の時に茶菓をはこぶ手伝ひはしました（毎月の例会には茶菓、十二月納会には、自宅で手がるな酒飯）。毎月の例会に、おすしの出た事は、一度もありませんでした。お膳の出る会には、高級の方々は座つたまゝでしたが、三人は次の間にかたまつて、用の相間にはおしやべりをしましたので、夏子さんも一人でしじまの鐘斗撞《かねばかりつ》いても居られず、おしやべりの仲間には入り、時々、皮肉な冗談《じようだん》も言ふ様に成りましたが、露骨に人の悪口は、決して言ひませんでした。（伊東夏子「一葉の憶ひで」）

右の話の中で、平民組という言葉が出てくる。夏子は元来、士族の娘としての誇りをもって育てられて来たのであるが、同門の女性たちから見ると、身分や境遇に大差があった。前述の如き高位高官の令嬢・夫人の中に伍《ご》することは容易ではなかった。それで、対抗上みの子や夏子（伊東）の平民組に加わってしまったわけである。みの子は田中みの子、請負師の未亡人であり、夏子は富裕な商家の娘であり、共に生活的には困らない女だったから、いわゆる上流子女に反撥する庶民感情をもっていたろう。樋口夏子がもし財力に不足がなければ、恐らく平民とは膝を交えない程度の気位《きぐらい》を持ちつづけたろうが、萩之舎に於ける貧乏士族の位置は、平民と一緒になることによって、僅かに上流階級の子女と対抗したわけである。樋口夏子の敗けず嫌いは、まず萩之舎に於いて、身分で嵩《かさ》にかかってくる上流子女への内面的な反撥心となって現われて来て、この反撥心は家庭で寵愛されていた時代には、勿論見られないものであった。しかし、それは行動の上に於いて、はっきり打ち出されたものではない。単に心の内部で燃え上り、くすぶらせていたにすぎなかった。

イ夏子とヒ夏子

因《ちなみ》に伊東夏子と樋口夏子は同名であったために、前者をイ夏子、後者をヒ夏子と呼ばれ、一葉自身も手紙の署名に「ひな子」と自書したものもある。

萩之舎に於ける歌の修業

　夏子は、萩之舎に入門すると、毎週土曜日の稽古と月次《つきなみ》歌会には必ず出席して、宿題の歌の添削を受け、席題の歌を詠《よ》み、判詞《はんじ》を貰った。今までは、単に古歌集を真似《まね》て、枕詞《まくらことば》や懸詞《かけことば》や縁語《えんご》などをむやみに使ったり、その模倣も稚拙《ちせつ》なものであったが、ここに至って、一応その詠歌態度が軌道にのるようになった。

詠草

それに同門の人々は、女芸《じょげい》の一つとして習字をやっていたため、夏子よりも手書きが多く、それに刺戟されて、彼女も手鑑《てかがみ》や、写本の書体を学び、次第に萩之舎のお家流の書体に近づいて、一‐二年の間にかなりその草《そう》仮名は美しい連綿体を完成し

旧派和歌の世界

て行った。しかし、この歌の稽古は、要するに形式上、修辞上の問題であって、内容上の問題については、ただ古今《こきん》の詠歌態度を守るというだけで、新味を加えるということは許されなかった。旧派和歌の特徴はその題詠にあった。与えられた題に添って、如何に古人の詠法を我《わが》ものとし、巧みな本歌取《ほんかど》りをするかにあった。当然その歌は類型化し、観念的遊戯に陥った。それも生活に不自由のない上流子女の場合には、一つの女芸として、生活の装飾的価値は持ち得たろうが、夏子のように次第に生活というものの重大な意味が判って来た者にとって

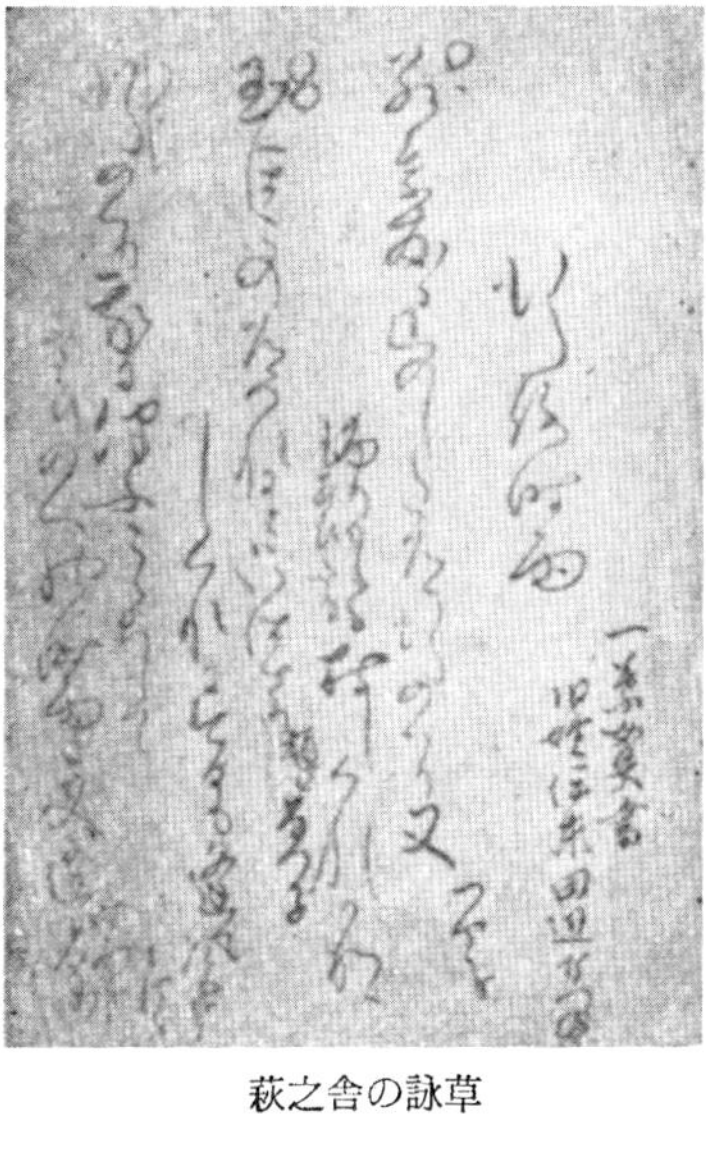

萩之舎の詠草

は、そういう古風な和歌は単に空虚な観念の羅列としか考えられないはめに追い込められて行った。例えば「関屋の煙」とか「遠村卯の花」などと題を貰っても、古歌を通じてその情景を察するのみで、実感がないから要するに遊びごととなる。

会記念写真

生活苦に直面している夏子には、そんな生活からかけ離れた世界には興味が持てなくなるのが当然であった。夏子が大歌人たらんことを夢見ながら結局歌に行き詰って行った第一の理由はここにある。また彼女を歌から孤立させた第二の理由は、当時の歌会の社交機関化である。歌会は歌を勉強する場

萩之舎発

所ではなくて、師匠が有力なる門人に対して幇間《ほうかん》的になるところである。門人達は綺羅《きら》を競《きそ》い、社交辞令を使って、世間話をするところであった。例の平民組三人は必ずしもその席に加わらず、別間《べつま》に控えていて、取次や給仕などの小用を足《た》していたとはいえ、若い夏子にとっては、そういう会合は面《おも》映《は》ゆいばかりではなく、むしろ我身の恥を晒《さら》すような感じがした。

『一葉日記』明治二十年の「身のふる衣《ころも》」によれば、新年歌会に出る時の晴れの衣

内弟子となって歌人の内面生活を識る

裳は他の人々とは競べものにならないほど見おとりがするので、出席を思いとどまろうと、一時は思いつめたということが出ているが、そうなると、歌会は全く衣裳《いしょう》くらべの会であって、女には歌道精神からは遠いものとなる。夏子は生活的に逼迫《ひっぱく》すればするほど、歌の世界と遠ざかってゆく訳なのである。

更に彼女が専門歌人たらんことに絶望した第三の理由には、彼女の師中島歌子の生活態度が考えられる。樋口家の没落経緯については次節に述べるが、則義死後彼女が十九歳の五月から、約五ヵ月間萩之舎の内弟子となって住み込んだことがある。家が苦しくなったから口を減《へら》す意味もあったろうが、最大の目的は、師匠から手伝いとして住み込んでくれたら、やがてある女学校の教師に推薦するという勧誘をうけたことにある。例の邦子に口述した『書きあつめ』によれば、稽古が思うように出来ないから中島師の内弟子となったとあり、更に「中島にいたることとは五ケ月なりけれど、このうち稽古も出来ず、勝手のことのみして下女の如し」

と書いているのは恐らく、後年の一葉の感想そのままが記されたのであろう。夏子が内弟子になった頃たしかに下女が暇をとり、替りが来るまで勝手働きをしたことは事実であるが、必ずしもひどい待遇を受けたということは考えられないことは、現存する妹邦子宛の当時の夏子書簡の文面を見ても、多少の見栄《みえ》は手伝っていたにせよ、如何に彼女が中島から好遇されているかを証明することが出来るのである。それにも拘らず、下女の如しとつきはなすように書いてあり、斎藤緑雨が編した『一葉年譜』によれば、この内弟子入門は「実は中島の誘惑」と緑雨が断り書をしてあるように、とにかく夏子にとって、不快な五ヵ月であったに違いない。それは歌子が教師の世話をするという約束を履行《りこう》しなかったばかりではなく、実際歌子の日常の生活を見聞した彼女には、少女としては理解し難い奔放《ほんぽう》な行為が師にあったようである。これらのことは彼女より十何歳も年上で、且つ既婚婦人であった同門の田中みの子によって針小棒大化《しんしょうぼうだいか》して、彼女の耳に吹き込まれたの

花圃の暴露小説『歌人』

で、夏子が歌人の生活に絶望を感じたと考えられるのも無理はなかった。例えば師匠は伊東祐命と二人きりでいて、ある料理屋の門から出て来たとか、その他歌子の男性に関する噂《うわさ》が真偽の別なく誇大化されて、一部の門人達に伝わって動揺したことがある。なお、当時の歌人の生活の内幕を書いた暴露《ばくろ》小説に同門の田辺竜子（花圃）の『歌人』がある。夢借舎丁々子《むしやくしやちやちやこ》の匿名《とくめい》で書かれたものだが、これは萩之舎門に於いて花圃が実見したいわゆる歌人達をモデルにしたものらしい。歌子と思《おぼ》しき女歌人も出て来るが、これはさすがにあまり棚下《たなおろ》しをされないでいる。

さて如上《によじよう》の理由で、夏子は歌道を修業しながらその限界を見透《みとお》して、ゆき詰りの感を抱いたが、と言って彼女にはそれに反逆して、新しい歌風に進むか、或いは歌を捨ててしまうか、いずれかの道を選ぶだけの勇気はなかった。まだ少女の面影《おもかげ》を脱しきれない年齢であったせいもあろうが、やはり何かよもやに引きずられて、萩之舎に止まっていたと見た方が自然だろう。勿論彼女の歌は、旧派は旧派なりに円熟の度は年々加わって行った。左にその歌例を挙げる。

折《る》ニ草花《を》一　秋萩の枝もたゆげに咲花をあらぬこゝろに手折《たおり》つるかな

深秋《の》虫　碪《きぬた》うつ声も聞へず成にけり秋やふけぬらんまつ虫の鳴

（以上十九年作）

山家《の》擣衣《きぬた》　柴の戸にもるゝ火影《ほかげ》のほのみえて衣うつなり山かげの里

暮秋《の》虫　くれかゝる秋の末野に来てみればやゝよはり行虫の声哉

（以上二十年作）

暮秋《の》月　虫のねも千草の花もうら枯し末野にひとりすめる月哉

寄《よする》レ虫《に》恋　秋風の君が心に立しより野原の虫の音《ね》をのみぞなく

（以上二十一年作）

山家《の》読書　山深み人こそとはねよむ文のうへに昔の友は有けり

残菊久《し》　咲かへしこゝちこそすれ霜をへてのちも久しき白菊の花

庭上虫《の》　露はらふ萩の葉風に打まじりむしの音《ね》す也《なり》庭の浅ぢふ

（以上二十二年作）

行路《の》時雨　晴るかとみるほどもなく村しぐれ又行方にふり出にけり

（以上二十三年作）

忍《しのびて》経《ふる》レ年恋《を》　ふる郷《さと》ののきばにしげる忍草しのびてのみもよを過す哉

月夜折《る》レ梅《を》　咲うめも月もひとつの色ながらさすがに折らばまがはざりけり

（以上二十四年作）

以上の歌は彼女が小説修業を志して半井《なからい》桃水に会う明治二十四年四月までの、秋の歌を中心としたものであるが（後期の歌風は後述）、古今調的な類型歌ではあるが、歌体が次第に整って来ることは看取されよう。彼女の歌が歌壇に最初に紹介されたものは本居豊穎《とよかい》撰『大八洲《おおやしま》歌集』（明治二一年一〇月）に於いて萩之舎社中の田辺竜子・同君子・片山鑑子・伊東夏子・天野滝子・乙骨まき子らと共に一首だけ載せ

られたもので、その歌は

残菊久し　つゆ霜もおきわすれけん冬ふかきまがきにのこるしら菊のはな

樋口なつ子

その他佐々木弘綱・同信綱撰の『千代田歌集』（二六年七月）や『四季の花』第二集（二一年六月）などにも樋口夏子の名で載せられているが、いずれも萩之舎門としてとられているから、歌子の推薦によるものである。しかしいずれにせよ、単に活字になったというだけで、これによって樋口夏子という歌人が、世に認められたと考えるのはまだ早いようである。勿論歌を通じて彼女に収入があったとは考えられない。

和歌以外の教養

このようにして、夏子は足掛六年萩之舎で歌を学び且つその基礎教養として『伊勢』『源氏』『八代集』『枕草子』等を読んだ。特に『源氏』は歌子から講義を受けたが、二十四年四月十五日、朝日新聞記者半井桃水に初めて会うに及んで夏子の一生に大きな変革を生ずることになった。それを説明する前にまず萩之舎入門後の彼女の家庭環境を調べてみたいと思う。

二　家運の没落

一葉の兄達

夏子には姉ふじ以外に泉太郎・虎之助の二兄があったが、則義は泉太郎の将来に大きな期待をかけていたらしい。本郷学校に一時入学させたが、松本万年の塾に入塾させ、更に小永井小舟にも漢学を学ばせた。成績は相当に優秀であったらしい。

次兄虎之助

次兄の虎之助の方は学問は不得手らしく、本郷学校から合徳舎へ移ったが、則義は彼の将来に見切りをつけたのか、明治十四年には分家させ、翌年陶画見習工として本所相生《あいおい》町の陶工成瀬誠至《せいし》へ内弟子に入れてしまった。因《ちなみ》に成瀬は芝山《さん》内《ない》に窯場《かまば》をもつ陶工で、則義がその時入れた誓約書は左の如くである。

今般当職業為ニ勉強一、本年二月ヨリ向《う》二十一年迄満六ケ年間弟子入致候処実正也、然ル上者年季中無ニ相違一相勤可レ申者勿論、若事故有テ御暇相願候か又は欠落《かけおち》等候節ハ、夫《それ》迄之喰料且御仕着《おしきせ》等速ニ調達御勘定いたし、貴殿へ御損《そん》毛《もう》、御迷惑相懸申間敷《まじく》候、且又自然病気等之砌《みぎり》ハ自宅へ引取、全快之上罷出急度《きっと》勉強可レ為レ致《いたさすべく》候、為ニ後日一仍而如レ件、

明治十五年二月

下谷区下谷中徒町三丁目三十三番地

樋口則義

証人 松岡徳善

成瀬誠至殿

泉太郎の小心で着実なのに対し、虎之助は奔放で、性格的にも両親の気に入らなかった。しかし後に薩摩錦襴《にしきで》の焼附絵師として名を馳せただけあって、芸道熱心な職人肌であった。それが大体則義の気に入らないところだったらしい。しかし長男の泉太郎は幼少から蒲柳《ほりゅう》の質で、呼吸器の疾患があり、十七年には療養のため熱海へ転地などをしている。この年則義は西黒門町に屋敷を買ったが、生活

則義の隠居
長兄泉太郎
の相続

家運の衰兆
と泉太郎の
あせり

的には裕福であったとみえて、泉太郎を保養させる余力があったのだろう。そして則義自身は後図《こうと》を考えてこの前年十六年から彼を樋口家の相続人に直し、自身は隠居を届け出た。勿論則義は警視庁在任中ではあったが、大体退職の期限が近づいたことを察したからであろう。

十八年二月病の癒《い》えた泉太郎は明治法律学校に入学したが、翌十九年頃、ちょうど夏子が萩之舎に入門する前後から樋口家の家計はやや詰って来たようである。この年則義は所有家屋を二軒買却している。勿論生活的に窮迫した訳ではないが、何とはなしに家運の傾斜を感じた泉太郎は二十年一月無断で大阪に下り、新しい職業を得ようとしたことがある。しかし知人もなく、職業も求め得ず空《むな》しく帰郷した。そしてこの無謀《むぼう》の関西行《こう》がやがて彼の肉体を弱める原因となった。大阪行のため自然明治法律学校を退学した彼は、帰京後六月大蔵省の傭《やとい》となったが、九月気管支カタルの診断をうけ、病が再発し、次第に病勢が進んだ。そして十二月

泉太郎の死　二十七日二十四歳にして歿した。このことは夏子が覚え書風の日記で、

朝かほの露、風の前のともし火、それよりも猶あやふき人の命、いつをいつといふ限はあらねど、老たるはさても有なん、年若き身こそいと安からね、其人に寄て親はらからの苦楽は生ずる物なるを、我兄泉之《せんの》君《きみ》世を早くし給ひしより以来、袖の涙かはく時なく、むねの思ひ絶るまなかりし、其折々かひ（マヽ）つゞくるも、一は人しらぬ悲しみをもらし、一は我身の経歴になん、思ひ出る明治廿年七月の頃なりけり、我兄ふと病にかゝりぬ、素《もと》より世の人よりは弱かりし人の病なれば、其事となくなやみて七月も過ぬ、八月過ぬ、九月十七日といへるに、例の如く余は師の本がり行ぬ、午後四時といへるに家に帰るに、兄は強くなやみて臥居《ふしい》給ふ、そもいかにと母にとふに、いはく大病也、物へまかりたるに其処にて甚しく血を吐《と》したり、家に帰るに未だやまず、静に養生をなすと聞て、いと〳〵打驚きぬ、そも此日を病の初として、十月・

十一（月脱カ）を寒し（ママ）く過て十二月とも成ぬ、かひなくも廿七日といへるに、遠きやみ路《じ》の人には成ぬ、其折の事はかく事もあらず涙のみなり、まして、育てし父母の情しるべし、
七日・十日の程は悲しきことだに思ひ出ず、夢の様にて過ぬ、（以下なし。原文変体がなを通用仮名に改め、濁点は新たに加えた。）

と書きとどめている。この二十年は樋口家に暗雲が兆《きざ》し初めた時で、六月には則義が警視庁を退職し、十月にはかねて懸案であった菩提寺を正安寺から西本願寺に変えたのであるが、それが偶然にも直ちに役に立ったことになった。泉太郎の葬儀はそれでも盛大に行われたらしいことは、樋口悦家に現存する前記の『邦子日記』の叙述を見ても明らかである。死亡広告もかなり派手に二、三の新聞に掲載された。漱石の父夏目直克が弔問に来ている。直克は警視庁に於いて則義の上司であったばかりではなく、彼も長男大一・次男栄之助を亡《うしな》ったばかりで共に子

を亡った親の嘆きを分ち合いたかったからであろう。

泉太郎の死は則義に大きな衝撃《しょうげき》を与えた。全く頼り手を失った感じである。次男虎之助は既に独立し、芝新網町に居住していたが、分家した身であり、これに頼るわけにはいかなかった。夏子が当然相続人になり、戸主となったが、十七歳のため則義が後見人に据《すわ》った。前途の希望を失った則義は二十一年五月西黒門町の家を遂に売却し、虎之助の住む芝高輪北町に転居した。一葉の小説『うもれ木』に芝が背景になっているが、その当時の生活を材料とし、且つ虎之助をモデルにしたものである。則義は定職を失ったが、まだ退職後若干の蓄えはあったらしく、それを資本にして晩年の生活設計を立てようとした。たまたま虎之助の保証人、芝東照宮の神官、松岡徳善の紹介により（和田芳恵氏『一葉の日記』三六—三八ページ参照）、同郷人によって荷車請負業組合が設立されるに当って彼はその事務総代に祭り上げられ、この設立費用を負担した。このことが樋口家を没落させる最大原因となったのである。

神田へ転居

荷車請負業の失敗

荷車請負組合は二十一年六月、東京府から認可を受けて、神田錦町一丁目に事務所が設けられ、その翌月則義がこれに力を貸すようになって、間もなく事務所へ出勤の都合上芝から再び神田表神保町へ転居して来た。芝以来すべて住宅は貸家住いである。然るに則義の覚え書によれば、この事務所は年末までには閉鎖され、責任者の田辺又兵衛以下は行方不明になっていた。翌二十二年一月から二月にかけて、同人たちの行衛《ゆくえ》を探したらしいが、結局水泡《すいほう》に帰し、出資金は戻らず、且つ会社の実質的責任は彼が双肩《そうけん》に担《にな》わざるを得なくなった。前の『かきあつめ』によれば、

家運の没落

家の都合あしければ、廿二年三月淡路町え移る。五月より父大病にかゝり、七月なき数に入ぬ。会社はつぶれ、又種々の出来ごと多し。（『かきあつめ』）

とあり、この「家の都合あし」というのは当時組合の債権者の督促を意味するのであろう。要するに則義は債権者の目をくらますために一時居を移したのである。

樋口家が実際上窮乏に陥ったのは恐らくこの頃からだろう。しかし夏子の萩之舎行きはこの中でも続いていた。五月から父が大病に罹《かか》ったとあるが、その原因は判らない。

樋口家の遺伝疾患

このことは、後に従弟《いとこ》の幸作の死因にも連関することだが、樋口家には元来結核性の体質が遺伝されているばかりではなく、病名不明の遺伝的疾患が存在していたらしい。それは滝子側にあるのではなく則義側にあったものらしい。泉太郎・夏子は明らかに肺結核で倒れたが、則義を初め、邦子の子供三人までが原因不明の病気で倒れている。一種の内臓水腫《すいしゅ》で、現に東大でもその病因を調査中でまだ明らかにしない。そのことについては拙著『樋口一葉研究』に於いても触れ得なかったが、ここでは単に医学上未解決の病気としておこう。資料の集まり次第医学的に実証されるのを待つより外はないのである。勿論坊間《ぼうかん》に伝える如きらい病の血統では全くない。

則義の死

かくして二十二年(一八八九)七月十二日則義は六十歳の生涯を閉じた。妻滝五十六歳、長女ふじ三十三歳、次男虎之助二十四歳、次女夏十八歳、三女邦十六歳である。葬儀は十四日に行われ、会葬者は八十余人とあるから、まず賑《にぎや》かな方であったろう。墓所は泉太郎を葬《ほうむ》った築地の西本願寺別院墓地、樋口家代々の墓に葬られた。これは後改葬され、杉並区和泉町に移った。この間の事情及び夏子の悲しみはその『追悼日記』中に書かれている。樋口家に現存する自筆『追悼日記』で、表紙に「鳥の部」とあり、表紙うらに、

さま〴〵に思ひみだれたる折の事にしあれば忘れたるもいと多く、しらで過つるも少なからねど、時過程隔たりてはいよいよしれ難くやあらん、今はた思ひ出るまゝに我しりたるをのみしるすになん、

涙のとしの葉月《はづき》廿日頃、みの虫のちゝよ〱と嵐のやどりにしるす、

明治廿二年六月十二〔七(書入レ)〕日午後二時死去、□寺の方幷ニ新聞広告等依頼之為直ニ野尻君に端書《はがき》を遣はす、不在之由にて夕刻参る、新聞広告〆切時間通過に付明朝の間に合ず、明後日とす、但し新聞は東京日々・郵便報知・読売・やま

と之四新聞のこと、榛原《はいばら》へ上野君参り正宗《まさむね》壱樽申付呉候事、柩幷《ひつぎ》に葬式当日配り菓子之義は稲葉氏受持、同夜上野・佐藤・稲葉・菊地・野尻・渋谷・麻生・能勢米吉・西村信夫其外通夜、
同十三日、築地本願寺より役僧一人来り誦経、
同夜通夜、僧相越誦経、通夜人数廿余人、
同十四日、午後二時出棺、四時葬式、会葬人数八十余人、
葬式済より兄君及稲葉・久保木並ニ余、四人日暮里火葬場へ廻る、七時火懸りニ付茶屋にて待合夕飯を認め、火懸り見届け帰宅、同夜通夜、
同十五日、午前八時出宅、骨《こつ》上ケとして母・姉・国(邦)・秀太郎・稲葉氏・余日暮里へ罷越、通夜ハ長谷川・山下・能勢道忠其他、
同十六日、明十七日初七日逮夜《たいや》に付、其人々へ招状を遣はす、料理は伊与屋、引菓子ハ風月堂、右ハすべて稲葉氏に依頼候こと、同夜通夜、(以下略す)

芝西応寺町次兄虎之助方へ同居

これは、彼女が日記としてつけた第三番目のものであるが、大体メモ風のもので、後に二十四年からつけ出した日記のような文学的価値の高いものではない。

このようにして一家の主柱を失った樋口家は、則義の死後四十九日を経て、一旦芝西応寺町の虎之助の家に移った。二十二年及び二十三年は右のような事情から萩之舎にあまり通うこともなく、正式に詠草《えいそう》として残っているものは僅か三冊ばかりのものである。ただ当時書きつけた身辺雑詠（樋口家所蔵、二十二―三年頃とおぼしい雑記中に書かれたもの。『一葉全集』五巻、歌集補遺uに属するもの）には、題詠にとらわれない素直な嘆きの出ているものがある。

一本《ひともと》の松もけぶりと成しより風だにうとしよもぎふのやど

たらちねのたのみし事もふりすてし君と思へばくやしかりける

夏夜《なつのよ》はみぢかき物としりながらみはてぬ夢ぞはかなかりけり（れヵ）

虎之助と同居中はあまり折合いがよくなかったらしい。邦子を奉公に出そうとして、夏子が朝から一緒に奉公口を探しに出ていることが日記に左の如く見える。即ち（前記追悼日記「鳥の部」の別丁七枚目より、夏子は二十三年一月十六日から二十一日までの日記を書いている）。

廿三年一月十六日

朝来曇天、十時頃より追て快晴と成る、午後四時過頃野尻君来ル、晩飯ノ馳走ヲナス、職人小僧ヲ芝山門エ遣ス、十一時頃帰宅スルニ依リテ烈シク談シヲナス、該夜《そのよ》野尻君一泊、

十七日、朝来晴天、午前十時頃野尻君帰宅スル、夫ヨリ直チニ仕度ヲナシ、国君《きみ》ノ奉公口探シノ為同行、新橋辺愛宕下及神田辺迄参レドモナシ、二時帰宅ス、右件ニ付母君・兄君ノ意見モ在レ之、当分国君見合ヲス、

恐らく口入屋《くちいれや》を訪ねたことであろうが、思わしい所がなく、帰宅している。結局母や虎之助に止められて、そのことは見合わせたが、これは多分夏子の本心で

はなく、虎之助に対する示威《じい》運動であったかも知れない。邦子はこの当時の夏子の動静を『書きあつめ』に左の如く書いている。

そのとし九月父の四十九日過て後、種々の事情有て、芝西応寺町の兄の家に同居す。されど稽古のおもふやうに出来ねばあくるとし五月中島師の内弟子となる。やう少(幼)より他家に多くそだちし兄なればあやしきことのみ多く、為に母との間がらもおもわしからで、母は病気となる。其ことうす々中島に語れば、されば近きわたりに家をもてよ、其知人にたのみて某女学校えいださんとすゝめ約す。中島にいたることは五ケ月なりけれど、このうち稽古も出来ず勝手のことのみして下女の如し。九月末つがた本郷菊坂町え家をもつ。困難いはん方なし。この中にても土曜日の稽古日は必ず手つだいにいく。

内弟子当時の一葉の生活

このように見て行くと、萩之舎の内弟子になったことは母と兄との折合いの悪いのを見ているのがつらく、歌子の勧めで学校の先生にしてやるという言葉に釣

本郷菊坂へ移転

られて、内弟子となったことが判るが、実際は足かけ五ヵ月ぐらいで閉口して萩之舎から引き揚げている。三宅花圃の話によれば、月次《つきなみ》歌会の散会後同門の貴婦人達の供待ちの車夫を呼ぶのは内弟子の夏子だったという。専ら歌の修業という綺麗《きれい》ごとだけを考えていた世間知らずの彼女は、下女と感じることによって一層幻滅《げんめつ》したろう。それに西応寺町の折合いは益々悪くなったらしく、それが夏子にも萩之舎を退くよい口実となり、遂に九月末滝子・邦子は虎之助らと別居してかつて由縁《ゆかり》のある本郷へ移り住むことになった。そして夏子も戸主として萩之舎から引き揚げたわけである。なぜ菊坂町七十番地に移ったかは、恐らく姉の久保木夫婦が同町五十九番地に住んでいたため、その縁によってであろう。また滝子の旧主稲葉夫妻（『一葉日記』にも屢々散見する。こう或いは鉱は一葉の母滝子があやめ時代に仕えた湯島三丁目稲葉大膳の娘。寛は稲葉家の養子でこうの夫。拙者『一葉研究』三五・三〇二―四ページ参照）も本郷五丁目一番地に住んでいた。樋口一家は二十五年（一八九二）五月五日に隣家の六十九番地に転じているが、この菊坂在住時代に夏子が一葉として後世に名を残す素因が作られたのである。

三　小説修業への決意

菊坂転居後の萩之舎との関係

菊坂へ転居の後、約半年ばかりの一葉の動静は記録がないので判らないが、内弟子をやめてもおそらく在来の通り毎週土曜の稽古日及び毎月九日の月次《つきなみ》会には出席していたことと思われる。しかし例の教師の件は一向音沙汰がなく、生活の支えとなるものは内職の賃仕事程度のものであったらしい。但し一葉は目が悪いために、時間が三倍かかったと後年邦子が語っているが、それぱかりでなく、仕事をすると彼女の肩はすぐ凝《こ》った。日記によれば午前のうちに浴衣《ゆかた》一枚縫い終った（二四年七月二三日）。また邦子と二人であるが、午後から夕方までに綿入れ二枚の平縫いだけ仕終った（二四年十月二八日）とあるから、彼女も、若しばりきを出せば、浴衣なら一日三枚は出来たであろう。この当時の仕立賃は袷《あわせ》一枚十五銭から二十銭、綿入れは

母子三人の生活線

二十銭から三十銭の相場だから、無理をすれば一日二―三十銭の収入はあったろうが、恐らく実際問題としては一葉には一日平均単衣《ひとえ》一枚を縫うことすら不可能ではなかったかと思われる。この間の事情を邦子の『かきあつめ』には左の如く記してある。

学校え出る日をのみまちてそのとしもくれ、よくとしの春になれどなにのさたもなし。借銭はかさなる、浮世のことをば知らざりければ、友なる人の、知人に心やさしき小説家のあれば是非に何かしたゝめよ、さすれば母にも安心さすることのあらんとすゝめける。

女の身として、そのやうの事は心くるし。又中島えたのみ置たることもあればいかにせばやと案じわずろふ。

されど眼前ことにせまり居ればはじをしのびて、明治廿四年四月十五日、友なる人の紹介にて、半井《なからい》君のもとをとひ初にき。図書館えかよひはじめしも

借金と売食い

そのころ。（『かきあつめ』）

右のうち借金はかさなるというのは賃仕事では生計の資が成りたたないために、三枝《さえぐさ》・小林などという知人に金を借りて返し得ないことである。この外、奥田えいなどという則義在世中から貸借関係のあった老婆からの借銭を月々返さねばならず、収入としては同じく則義在世中に貸した金の利子幾何《いくばく》（額は判らないが一円未満であろう）及び前記の仕立賃が邦子と併せてせいぜい月、五―六円というところではなかろうか。当時菊坂の家の家賃は不明だが、これは独立家屋で恐らく二円五十銭以下ということはあるまい。それに対して三人の生活費は当時米が石あたり十円として三人で月二斗の主食費、その他を交ぜて一人だいたい三円と見れば、普通の生活が出来たのであろうが、その収入からいえば、月三円ほどはマイナスになる計算である。それを埋めるために借金或いは則義が残した骨董《こっとう》その他の売食いで補うことになるのである。因《ちなみ》に当時東洋英和女学校の賄費《まかないひ》が三円、又

川田順氏の思い出によれば、

当時の一葉の生活がいかに苦しかつたかを、私の家の暮し向きと比べると、幾分か具体的にわかるだらう。父の根岸の別荘では、母と私と妹と、それから下女との四人が暮したが、構内およそ三百坪、家は藁葺の平家で、八畳二つ、六畳二つ、茶室、女中部屋の六室があつたと記憶する。母は本邸から毎月十五円もらつて生活したが、常々、苦しい、苦しい、と嘆いてゐた。（川田順「根岸時代」短歌、昭和二九年四月）

母子三人と女中とで家賃抜きの生活費が十五円で、それでは苦しかったそうだが、樋口家はもっときりつめた生活をしていたに違いない。

苦境打開に小説修業を志す

この苦境を切り抜けるためには賃仕事以外の仕事を考えることが戸主である一葉の責任であったろう。彼女は萩之舎の内弟子である間は幾分かの小遣をもらったことも想像出来るが、その後退いてからどうなったかは不明である。詠草《えいそう》の浄写その他細々《こまごま》したことは手伝っていたろうから、いわゆる月謝は納めていなかったこととは思うが、後年助教になった時のように正式な報酬は貰っていなかった。といって彼女は歌人として門下をとるまでには至らない。歌道で生活することは殆んど不可能に近いことを知っていた一葉にとって、ただ一つ万一の僥倖《ぎようこう》をたのみ得たものは同じ文筆の道である小説修業であった。そして彼女にこのヒントを与えたものは恐らく萩之舎社中の田辺竜子であったに違いない。

三宅花圃

田辺竜子は明治元年（一八六八）十二月二十三日本所に生れ、父は蓮舟、田辺太一である。旧幕臣で外国奉行調役《しらべやく》であったが、明治に入って外務大丞・大書記官を歴任し、元老院議官となり、豪奢な生活をしたが、そのために経済的破綻《はたん》に陥り、晩年は竜子の婚家三宅家で隠居した。竜子は蓮舟の全盛時代に育ち、書道を跡見花蹊《かけい》、漢学を柴田権之進、国学を伊東祐命《すけのぶ》から学んだ。祐命は中島歌子と共に加藤千浪の門下であり、その関係で竜子に国学の手ほどき以外、和歌を教えた。また遊芸の道にも早く入り、三味線は杵屋《きねや》ろく、琴は山勢松韻《しょういん》の門に学んだ。学校はお茶の水の前身である一ッ橋の東京高等女学校専習科を卒業した。中島歌子の萩之舎に入門したのは大体彼女が十歳前後と思われるが、これは恐らく祐命の紹介によるものであろう。従って萩之舎社中としてはかなり古参であり、大官の令嬢として幅もきかせていたようである。

『藪の鶯』

明治二十年、彼女はまだ東京高等女学校在学中であったが、たまたま田辺家の書生から『当世書生気質《かたぎ》』を見せて貰い、これに刺戟されて、筆をとったのが処女作『藪《やぶ》の鶯《うぐいす》』である。この時用いた花圃女史の号は旧師花蹊の花をとったと言われている。この小説は春迺屋即ち坪内逍遙の序文、その添削を受けて書肆金港堂から二十一年六月出版され、間もなく再版となった。原価三十五銭とあり、花圃は稿料として三十三円二十銭を得た。これは金港堂支配人中根淑《しゆく》が父の蓮舟と旧幕臣関係で知己《ちき》であったこともこの出版を容易ならしめた原因である。当時一葉は萩之舎門下では新参の方で、しかもこの年は則義在世中ではあったが、樋口家が財政的に破綻《はたん》する一歩手前の荷車負請組合設立でごたごたした時であり、萩之舎に赴くことも跡絶《とだ》えがちで、出詠も三－四冊の詠草帳にとびとびにある程度で、『藪の鶯』の評判などもあまり興味を持つ余裕がなかった頃である。しかしその後閨秀《けいしゅう》作家としての花圃の名声があがり、『八重桜』『をだまき物語』等を発表するに至って、また一葉自身も萩之舎に正規《せいき》に出入するに及んで自然彼女の耳にも花圃の評判が入り、殊に社中で話をし合う仲になって見ると、花圃の華やかな存在に若干のあこがれと羨望《せんぼう》とを感じたことは疑われない。花圃は才女ではあっても生粋《きっすい》の作家ではなく、その文学は結局大成はしなかったが、人間としては淡白な素直な女性で、

『藪の鶯』

萩之舎社中に於いて、相当あけすけに物をいう側の性格だったので、『藪の鶯』を発表したことについても、事もなげに書き事もなげに稿料を貰い、それを兄の法要の費用に使い、華やかなひきもの等を配った、などということを社友達の前で公然としゃべったろうし、それを一葉の聞いていない筈はない。そんな簡単に大金が取れるものならば（三十三円某が大金であることは、既に述べたように、これだけの金があれば樋口家が三ヵ月は暮せることでも判る）、自分も書いてみようと思ったことは当然推測されるであろう。しかしそれを一葉が花圃に打ち明けるという親しさにまではなっていなかった。一葉も既に足かけ六年の弟子である。とにかく萩之舎社中として花圃と並んで彼女の和歌も歌集に載せられているくらいだから、当時の身分や教養から言ったら花圃の足許《あしもと》にも及ばない彼女ではあったが、持ちまえの勝気な性格から察すれば、花圃に対して或る種の対抗意識を持っていた。しかし、それを表面に出せないところに一葉のひが者意識があった。後年花圃の一葉回顧の中に、一葉は小説を書くに当って、私のようなものでも小説が書けましょうか、書いてもいいものでしょうかと恥かしそうに語ったとあるが、それが一葉としては精一杯の言い方であったろう。根《ね》が「物つつみの君」と言われ、まるで若い女学生がするように、何か書いているところを人に覗《のぞ》かれると、いきなり手と顔で覆いかくしてしまうというような性格だったから、とても小説を書いてもそれを先輩に見せて周旋《しゆうせん》を乞うということはできなかったと思われる。この当時の一葉の花圃観は、

花圃女史田辺竜子君は、ことし廿四斗《ばかり》成るべし。故《もと》の元老院議官、今金鶏《きんけい》の間祇候《ましこう》太一ぬしの一人娘におはしまして、風彩容姿《ようし》、清と洒《しや》をかね給へるうへに、学は和漢洋の三つに渡りて、今昔のをしへの道あきらにさとり給ひ、書は我師の君いつの高弟にて、あゐよりあをしと師はの給へり。和歌は天びんと故伊東祐命うしもたゝへ給へりしとぞ。文章は筆なめらかにして、しかも余ゐんにとませ給ひ、俗となく雅となく、世の人もて遊ばぬはなし。其名

の世に聞え初しは、君が廿一許《ばかり》の頃、藪の鶯となんいふ小説あらはし給ひしより成けり。其後都の花に八重桜といふをものし給ひ、よみ売新聞に、をだ巻物語を草し、ことし、小説くさむらに、万歳の善作あり。又女学雑史《(ママ)》の特別記者として、小説に紀行に高名なるいと多し。さるからに、いさゝかも、ほこりかなどのけはなくて、打むかひ参らする折は、をかしき滑けいものがたり、洒落《しやれ》の談話のみせさせ給ひて、人のおとがひをこそはとけ、恐ろしなどおもはするけは、いさゝかもおはさゞるこそいと有難けれ。おのれは当時の清少納言と心のうちにはおもひぬ。(『筆すさび』)

この中に「君が廿一許の頃、藪の鶯となんいふ小説あらはし給ひしより成けり」という伝聞の形式をとって、無関心の書き方をしているが、実際は「藪の鶯といいとなん」というどころではない。一葉自身がこれを熟読し、最初にこのスタイルを摸倣しようとしたことは、現に樋口家に『藪の鶯』の逍遥序文の写しや、本文の一部の写しが存することによっても明らかである。また一葉の処女執筆と推定される『無題六』（筑摩版『一葉全集』第二巻「無題六」藤井公明氏の研究によれば、明治二三年五月以降、萩之舎に住み込み中に執筆されたものと推定されている）の文章は決して江戸戯作《げさく》の影響下にあるものではなく、明らかに『藪の鶯』の描写法を真似《まね》たと認められることによっても明らかであろう。

このようにして、先輩の活躍を見聞した一葉が、貧《ひん》の苦しみのあまり如何にしてその苦境を切り抜けるべきかの大きな手懸りとして小説著作に心を向けることになったが、何分にも手蔓《てづる》のないままに空しく二十三年を焦躁《しょうそう》のままに送って二十四年を迎えることになったわけである。

当時の文壇と大衆作家

二十四年（一八九一）になると文壇はようやく紅露《こうろ》（紅葉露伴）を中心とする少壮文学者によって、活気を呈してくる。写実派の尾崎紅葉、理想派の幸田露伴などが戯作系統の須藤南翠・饗庭《あえば》篁村《こうそん》を圧して表面に乗り出して来た。春廼屋（逍遥）が先輩格になり、別に森鷗外が新しい魅力を以て登場した。と言って戯作系統の作家が影をひそめたわけではない。明治初年以来新聞と結びついた、いわゆる「つづきもの作者」連の中に小宮山天香・半井《なからい》桃水・斎藤緑雨・村上浪六らがあり、これらは紅露逍鷗の如き学歴を有する者ではないが、朝日・国会・報知等の新聞と結びついて、大衆を相手に大きな勢力を持っていた。そして一葉はこの中の一人の半井桃水に近づくことによって、彼女の一生を決定するようになったのである。

第三　菊坂時代

一　桃水への接近

接近のきっかけ

これより先一葉が萩之舎に入門した明治十九年の暮、妹邦子は敬愛学舎で英語及び和洋裁をしばらく習い、更に本郷の木村裁縫伝習所に通ったことがある。この時野々宮菊子と知り合った。菊子は二十年五月にここに入学、二十二年一月卒業して、その四月築地に出来た東京府高等女学校に入学していたが、その後も伝習所に顔を見せていたか或いは邦子と交際していたかいずれかに違いない。樋口家が仕立物の賃仕事をしており、その注文主の周旋を邦子から頼まれていたのであろう。菊子は半井《なからい》家を邦子に紹介したのである。菊子の築地の同級生に半井幸子がいる。これが桃水の妹である。桃水は若いころ妻を失って独身で、多くの弟妹を抱え、従って仕立物等を顧る者がいないために早速樋口家に頼んだらしい。この間の事情を桃水側の記録を辿《たど》ると、左の如くである。

桃水兄弟

（左から半井洌32歳，竜田浩25歳，半井幸19歳，半井茂太14歳）

私が樋口さんと相識《し》つたのは、慥《たし》か明治二十三年頃であつたと思ひます。当時私は二人の弟と一人の妹と、外に二人の書生と下女と都合七人の家族を成して、芝区南佐久間町の貸家に住んで居りました。

妹は築地の高等女学校に通学をしましたが、其の同級のお友達で平素親しく交はりました野々宮さんと言ふ方が——今は庄司菊子と申されます——或日私の宅に参つて、自分のお友達に可愛いさうな方があります、此方では皆さんが学校へお通ひになつて、随分洗濯物なども溜まるやうにお見受します、何せ外へお頼みになるなら、其の方にさせて頂く事はなるまいかと言れました。夫は結構早速お願ひしたいと言て洗濯物や縫物をどしどしお頼みしましたのが、即ち樋口夏子さんで、大きな風呂敷包を抱へ、其の頃の住所本郷菊坂町と芝との間を三四度も往つたり来たりされた末、一度私に逢ひたいといふ事を妹まで申込まれ、妹はその通り私に執次ぎました。（「一葉女史」中央公論四〇年六月）

大体桃水の記録に誤りはないが、一葉と識《し》ったのは、やはり二十四年（一八九一）が正しい。半井家に仕立物を初めて届けたのは或いは二十三年かも知れない。ここでちょっと桃水の説明をしておく。

半井桃水

桃水は幼名泉太郎、後、洌《きよし》と名乗り、桃水痴士《ちし》・菊阿弥《あみ》等の別号もある。父は半井湛四郎《たんしろう》、対馬の宗《そう》家に仕え代々典医として八十石を賜わっていた。桃水はその長男として萬延元年(一八六〇)十二月二日、厳原《いずはら》町に生れた。十一歳の時上京、共立学舎に学び、後、三菱に勤めたが、間もなく退社、明治十三年二十歳の時大阪魁《さきがけ》新聞に入社、小宮山天香・宇田川文海らと机を共にした。しかし間もなく同新聞廃刊のため対馬に帰り、十五年七月壬午事変の時、当時朝日新聞にいた友人若菜胡蝶園の推薦により朝日の特派員となって動乱を詳報して、その敏腕を

半井桃水　(31歳頃)

買われた。翌年釜山《ふざん》で旧同藩成瀬もと子と結婚したが、一年後に死別、明治二十一年、上京し再び小宮山らと東京朝日に入社し、一家を構え、弟浩・茂太及び妹幸を引きとった。当時朝日には毎回、絵入大衆小説を連載していた。桃水の署名ある最初の作品は『春香伝』（朝日新聞、一五年六月）であり、東京朝日に入ってからは『唖聾《あろう》子《し》』（二二年三月）以下『小町奴』『業平竹《なりひらたけ》』『葉やま繁山』などで、これらは連載後単行本になり、『業平竹』の如きは数度に亘り改版されて読まれた。生活は派手であったが、父から受け継いだ負債も多く、経済面は決して豊かではなかった。彼が己《おのれ》を日陰者《ひかげもの》だと卑下《ひげ》する点などは、屢々債鬼《さいき》の目をさけるために隠れ家を転々としたからである。

一葉が半井家に仕立物を届けに行った頃は表面的には派手な生活で、また大衆作家としては上り坂時代であった。右の回顧談に見られるように家内多勢の生活であった。この中二人の書生というのは畑島桃溪・小田果園であり、後者は後、三越の専務となり、果園文庫を作った小田久太郎である。但しこの二人が内弟子として寄寓したかどうかは不明で、住み込んだとしても恐らくごく僅かの期間ではないかと思われる。その外妹幸子の同級生即ち野々宮菊子とも同級に当る鶴田たみ子が寄寓していた。たみ子は敦賀《つるが》の人、東京に知人が無かったために幸子の部屋に同居したのである。

右のようにして一葉が菊坂から南佐久間町一丁目二番地の桃水宅に仕事を配《はこ》んでいるうちに、その家の主人《あるじ》が新聞記者であり、且つ作家であるということから桃水に頼ろうという気持を起し、母滝子・妹邦子とも相談の上、改めて小説の師として桃水の指導を仰ごうとしたのであろう。そしてこのことを野々宮を通じて幸子が聞き、それを兄に伝えた。その当時の思い出を幸子は、

同窓の野々宮菊（後嫁して荘司菊子）が親友で御座いましたので、或時幸（自分のこと―筆者）に私の御友達の姉で樋口夏子と云ふ人が、小説を書きたいからあなた

の御兄様に御願して欲しいとたのまれましたから、兄へ其旨話しましたら承知致しましたので御座います。其時夏子さんの御書に成つたのを拝見致しましたあと、何分和文ていで、あれではとても新聞小説には載せられないと申て居りましたので、何にか御話御注意申上たので御座いませう。其後御書に成つたので御座いませう。私は学校に参り日中は不在でよう存じませんでした。

そして其年の十月廿日に私は九州に参りましたから、佐久間町時代は桃水と浩次兄と弟茂太・私・女中一人で御座いましたが、鶴田民が敦賀より参り、知人なき為私同情致、桃水に頼み私と同室にて起居致して居りました。（昭和二七年一月一八日筆者宛書簡）

と言っている。

一葉、桃水に小説の指導を乞う

一葉が初めて桃水に逢ったのが二十四年四月十五日、二十歳の春、桃水三十二歳の十二違いであった。この間のことを一葉は『若葉かげ』に詳しく記している。

十五日、雨少しふる。今日は野々宮きく子ぬしがかねて紹介の労を取たまはりたる半井《なからい》うしに初てまみえ参らする日なり。ひる過る頃より家をば出ぬ。君が住給ふは海近き芝のわたり南佐久間町といへるなりけり。かねて一たび鶴田といふ人までものすること有て其家へは行たる事もあれば、案内はよくしりたり。愛宕下の通りにて何とやらんいへる寄席《よせ》のうらを行て突当りの左り手がそれなり。門くゞりいりておとなへば、いらへして出《いで》きませしは妹の君なり。此方《こなた》へとの給はすまゝに、左手の廊下より座敷のうちへ伴はれいるに、兄はまだ帰り侍《はべ》らず、今暫く待給ひねと聞え給ひぬ。誠や君は東京朝日新聞の記者として小説に雑報に常に君があづかり給ふ所におはせば、さもこそはひまもなくおはすべけれと思ひつゞくるほどに、門の外に車のとまるおとのするは帰り給ひしなりけり。やがて服など常のにあらため給ひて出《いで》おはしたり。初見《しよけん》の挨拶などねんごろにし給ふ。おのれまだかゝることならはねば、耳ほてり唇かはきていふべき言もおぼえず、のぶべき詞《ことば》もなくて、ひたぶるに礼をのみなすのみなりき。

右文中「一たび鶴田という人」とあるのは鶴田たみ子から仕立物を頼まれて届けたのである。一たびとあるから、これが第二回の訪問ともとれる。従って届け物は邦子が届けたともとれるが、一葉の日記には文飾があるから、その点ははっきりしない。これに対して桃水の記憶によれば、左の通りである。

桃水の一葉と初対面の印象

或日曜の午後、社も学校も休なので家内中揃つて菓子を喰ひ茶を飲み、頗《すこぶ》る賑かであつた時、遠慮がちな低声で誰やら音訪《おとな》ふ者がありました、執次《とりつぎ》に出た妹に伴はれて玄関からしづ〳〵と上つて来たのが、樋口夏子さん、恰《ちよう》ど時候も今頃で給《あわせ》を着て居られましたが、縞がらと言ひ、色合と言ひ非常に年寄めいて帯も夫《それ》に適当な好み、頭の銀杏返《いちようがえ》しも余り濃くない地毛ばかりで、小さく根下りに結《ゆ》つた上、飾といふものが更にないから大層淋しく見《みえ》ました、孰《どち》らかと言へば低い身であるのに少しく背をかゞめ、色艶《いろつや》の好くない顔に出来るだけの愛嬌《あいきよう》を作つて、静粛に進み入り、三指で畏《かしこま》つてろく〳〵顔も上ず、肩で二つ三つ呼吸をして、低音ながら明晰《はつきり》した言葉使ひ、慇懃《いんぎん》な挨拶も勿論遊ばせ尽し、昔の御殿女中がお使者に来たやうな有様で、万に一つも生意気と思はれますまいか、何《ど》うしたら女らしく見《みえ》るかと、夫《それ》のみ心を砕《くだ》かれるやうでありました、私を初め弟妹も、殆んど口を酢《す》ツパくして、坐蒲団を勤めたが、とう〳〵夫《それ》も敷ず仕舞《じまい》、二時間ばかり対話した為不行儀な我々は膝も足も折さうに覚えました、是程苦しい思《おもい》をして、二時間も対坐しながら、用談らしい用談もなく立帰つた夏子さんは、数日の後野々宮女史を介して私に申込まれた、自分は小説を書いてみたい、是非書かしてくれといつて四五日の後夏子さんは、仕立もの丶残を持て、私の宅へ参られました、私は親しく面会《あつ》て、貴女のお望は野々宮さんから委細承知しましたが、私は不賛成、男子ですら小説などを書く時は、さも〳〵道楽者《どうらくもの》のやうに世間から思はれる、況んや御婦人の身で種々の批難を受るのは随分苦しい事であらう、且つ貴嬢の体質も余り強い方とは認めぬ、願はくは他の方面に、職業をお求めなさいと、言葉を尽して諫《いさ》めましたが、何分針仕事位では母と妹と充分に養ふ事も出来ぬ、如何なる批評も甘受するから、是非といふ事でありました、（「一葉女史」前掲）

話の結局の経緯《いきさつ》はこの通りである。事実にはかなり記憶ちがいがある。第一この日は日曜ではない、水曜である。用談らしい用談もなく帰ったとあるが、これは次に掲げる『一葉日記』でも判るように、彼女としては話の筋を通して帰った筈である。尤も一葉が桃水に会いに行きながら用事を話さずに後から手紙で、聞いてよこすという例は『雪の日』を初め幾度かあるから、ここは桃水の混同であろう。なお二時間ばかりの間、きちんと坐っていたため不行儀なわれわれは膝も足も折れそうに覚えたとあるが、桃水は戯作者《げさくしゃ》上りの新聞記者でこそあれ、嘗《かつ》て関西流浪《るろう》時代比叡山で荒業《あらぎょう》もし、家庭的にも厳しい躾《しつけ》をされていたから、端坐《たんざ》でへこたれるような男ではない。これは一葉の端正《たんせい》さをひき立てるためのわざとの文飾である。しかし、彼の一葉の印象及び一葉に対して言った言葉なり態度なりは、時間的に喰いちがいはあるとしても、まず真を伝えたものであろう。次にこれに対して一葉側の感想を前記の日記文のつづきから引いてみよう。

一葉、桃水と初対面の印象

君はとしの頃卅《みそじ》年にやおはすらん、姿形など取立てしるし置かんもいと無礼《なめ》なれど我思ふ所のまゝをかくになん、色いと白く面おだやかに少し笑み給へるさま、誠に三歳の童子もなつくべくこそ覚ゆれ、丈《たけ》は世の人にすぐれて高く肉豊かにこえ給へば、まことに見上る様になん、（中略）猶《なお》の給はく、君が小説をかゝんといふ事訳《ことわけ》野々宮君よりよく聞及び侍《はべ》りぬ、さこそはくるしくもおはすらめど、しばしのほどにこそ忍び給ひね、我《われ》師とはいはれん能《のう》はあらねど、談合の相手にはいつにても成りなん、遠慮なく来給へと、いとねんごろに聞え給ふことの限りなく嬉しきにもまづ涙こぼれぬ、物語りども少しする程に夕げしたゝめ給へとて種々ものして出されたり、まだ交《まじわり》もふかゝらぬものをと思へばしば〳〵辞すに、君我家にては田舎もの〻習ひ旧《ふる》き友と新らしきとをとはず、美味美食はかきたれど箸《はし》をあげさせ参らするを例とす、心よくくひ給はゞ猶こそ喜しけれ、我も御相伴《おしょうばん》をなすべきにとあまたゝび聞え給へば、いろひもやらでたうべ終りぬ、かゝりしほどに雨はいや降に降しきり、日はやう〳〵くらく成ぬ、いでや暇《いとま》給はりなんといへば、君車はかねてものし置たり、のりてよとの給ふ、帰さにしたゝめ置たる小説の草稿一回分丈差置きて君が著作の小説四五冊借参らせて出ぬ、君がくまなきみ心ぞへの車にて、八時といふ頃にぞ家に帰りつけり、（日記『若葉かげ』二四年四月一五日）

但しこの日記にあるように、桃水が直ちに彼女の小説修業に賛成して「しばしのほどにこそ忍び給ひね」と言ったかどうかは疑問である。おそらく一応はとめたのであろうが、この日記の上では一葉は桃水の結論だけを読みとって書きつけたのであろう。彼が最初はとめたということは右の『中央公論』の文のみならず、他の場合にも幾度も繰り返しているのである。

さて、たとえゆるしなり、すすめなりがあったにせよ、当時の良家の子女として独身の男性を単独で訪ねるということは容易なことではなかったにちがいない。桃水は彼女の日記にも屢々もらされているように顔も上げられない程の色白の美男であり、その上道楽者でもあったために、物腰も軟らかで相手の気持をそらさないところがある。また事実親切で世話好きな性分《しょうぶん》でそのことは彼の一生を通じて言えたことなので、この場合に於いても、ただその場限りの出まかせを言っているわけではない。敏感な一葉がたとえ卑下した立場から眺めたとしても、それを見抜かぬわけはない。しかしこの抒情《じょじょう》と感激に溢《あふ》れる日記文を見ると、そ

一葉、桃水の慈愛に魅せらる

こに彼女の心のはずみがありありと伝わってくる。要するに彼女は初めて他人から慈愛の言を聞いて感動したのである。『若葉かげ』以前にもメモ程度の断片的な日記（筑摩版『一葉全集』第四巻、日記無題。其一、明治二二年七月一二日〜二二年九月四日迄。其二、二三年一月一六日〜三月一四日までを参照。なお初期日記断片としては泉太郎歿後二一年一月の筆と思われる追悼記が現存する。拙著『樋口一葉研究』一三六ページ参照）があり、父の死後の家庭に父と同郷人の息子、野尻理作などが泊《とま》り合わせたことを記し、母滝子も相当に可愛がっているらしいことが二十二年の日記に見える。理作は一葉のよき理解者というよりファンの如き立場になり、邦子がひそかに思っていたことなどもある人だが、要するに一葉にとっては幼な馴染《なじみ》ではあっても異性ではなかった。また一葉が十四歳の時同じく中萩原出身の渋谷三郎（当時十九歳）と知人の松永正愛方で逢い、爾来父則義の死ぬまで親しみ、許婚《いいなづけ》の契約にまで進んだが、二十二年則義の死後負債をのがれるために一家が西応寺町に移転する前後、渋谷から婚約破棄のことがあり、そのことが樋口一家を憤らせた、という伝説が伝わっている。

野尻理作

この経緯《いきさつ》を一葉は日記に、
はじめ我父かの人に望を属《しよく》して我が聟《むこ》にといひ出られし頃、其答へあざやかにはなさで何となく行通ひ、我とも隔てずものかたらひ、国子と三人して寄席《よせ》に遊びし事なども有けり、さるほどに我が父この事を心にかけつゝ半《なかば》は事とゝのひし様に思ひて俄にうせぬ、しばしありふるほどにかの人もいまだ年若く思慮定まらざりけん、しらず、ある時母より其事懇《ねんごろ》にいひ出して定まりたる答へ聞《きか》まほしといひしに、我自身はいさゝか違背《いはい》もあらず、承諾なしぬといへり、母君悦こびて、さらば三枝《さえぐさ》に表立ての中立《なかだち》は頼まんといひしに、先しば

し待給へ、猶よく父兄とも談じてとてその日は帰りにき、事いかなるにか有けん、其後佐藤梅吉をして怪しく利欲にかゝはりたることいひて来れるに、母君いたく立腹して其請求を断り給ひしに、さらば此縁成りがたしとて破談に成ぬ、我もとより是れに心の引かるゝにも非ず、さりとて憎きにもあらねば、母君のさま〴〵に怒り給ふをひたすらに取しづめて、其まゝに年月過ぎにき、されども彼方よりも往復更にそのかみに替らず、父君が一周忌の折心がけて訪よりたる、新年の礼かゝさぬ事、任官して越後へ出立せんといふ時まで我家にかならず立よりなどするから、是れよりもうとみあへず、彼より文来たればこなたよりも返しなど親しくはしたり、（日記二五年九月一日）

と書いている。母滝子が知人の佐藤梅吉を通じて、三郎に意志のないことを知ったために、三郎を襟元につく男、或いは軽薄漢と罵《ののし》っただけで、実際渋谷が一葉を貰う約束をどの程度にしたかどうか、滝子だけの言い分では不明である。ただ、このことが一葉の男性観に大きな影響を与えたことは否《いな》めない。父在世中豊かだった時分には尻尾を振った青年が、一たび零落すれば寄りつきもしなくなるという考え方は、彼女が逆境に陥って「ひが者」的根性が強くなっただけに強く響いたことであろう。もっとも渋谷とはそれで絶交したわけではなく、日記にも見られるようにその後樋口家とはつかずはなれずのつき合いをしており、時には一葉に同情して対桃水問題に忠告したことさえある。更に後年、彼が坂本姓を名乗り司法畑から法制局参事官・秋田県知事を歴任、その後実業界に入り、更に早稲田大学理事・法学部長となり、邦子の子供等に何くれとなく面倒を見たことさえもあるのである。しかし、それはずっと後のことで、滝子・一葉在世中では、とにかく功利的な人間として冷眼視《れいがんし》されていたようである。従って一葉の三郎に対する態度は悲恋の感情から来たものではなく、即ち愛情の問題ではなく、あくまで貧故に見限られたという意地からくる不信観の方が強かったと認められる。

要するに桃水に会うまでの一葉の男性観は、兄泉太郎や虎之助などは別問題として、渋谷の如きには底には一種の敵意さえも蔵し、親しんだとは言え、日記中に散見する西村釧之助《せんのすけ》や野尻理作の如きは、要するに『たけくらべ』の正太郎であった。そして、彼らが肝腎《かんじん》の文学の道への相談相手ではなかったことも、一葉には頼りない感じがあったのであろう。と言って、歌の道に於ける異性の接触と言えば、鈴木重嶺七十八歳、梅村宣雄七十歳、江刺《えさし》恒久七十歳、という老人達である。彼女の贔屓《ひいき》であり、よく家にまで訪ねてくれた小出粲《つばら》でさえ、六十歳というのだから、これらは異性としては全然話にならない。そこへ、まだ三十二歳の独身で、目を伏せたいような美男子の桃水を初めて見、やさしい言葉をかけられてみれば、今まで彼女なりに考えていた男性観がくずれて、ここに信如《しんにょ》に対するような美登利《みどり》（信如・美登利は共に『たけくらべ』中の人物）の気持が誕生したと言っても過言ではなかろう。この時一葉二十歳・幸子十九歳、そして世話役になった野々宮菊子は二十三歳であった。

二　小説修業

一葉の現代小説知識

一葉が桃水に近づこうとした底意は、勿論早く自分の小説を商品化しようとする手段であったことに間違いはなかろう。当時樋口家では東京日々新聞は読んでいたかも知れないが、朝日は取っていなかった。従って桃水の作品も読んでいないし、まして彼の小説に感動して近づいたということはあり得ない。そしてこれまでの一葉の文学的教養は大体古典が主《おも》で、現代小説は新聞のつづきものを他所から借りて来て一まとめにして読むとか、単行本類を自分で選んで読むというより、知人が持っているからそれを読むという程度で、現代小説に関する知識は皆《かい》無《む》とは言えないまでも殆んどなかったに違いない。そのかわり、歌を詠むために必要な作品、例えば『伊勢』『竹取』『源氏』『枕草子』『徒然草』『平家物語』

一葉の文学教養

等は父在世中に購《か》い求められていたし、また萩之舎でも歌子が時に『源氏』講読などをしていたらしいから、相当に深く読んでいたことが判る。『竹取』『伊勢』などは自ら写しているし、『源氏』桐壺、『土佐日記』などの冒頭《ぼうとう》の一部を書写もしている。これらは書写によって書法を覚え、且つ内容の理解を深めるために行われたものであるが、要するに散文の文章としては、右の古典類が一葉の基本的な下地《したじ》となったわけである。

もし一葉がもう少し文壇小説を読んでいたならば或いは桃水などには近づかず、もっと有力な新進作家に近づいたかも知れない。一葉が最初桃水のところへ持参した小説一回分は何であったか判らない。少くとも「無題六」ではなく、以上述べた古典文臭《しゅう》の強い、『かれ尾花』のようなものではなかったかと考えられる。そして一週間たって、彼女はその続稿五回分（これは注文通りに書けないために面白くなくて、破りすてたということが一〇月七日の日記に出ている）をもって批《ひ》を乞うた。ところが、その時に桃水が、前の一回分は長文で和文めかしくて、売物にならないから、もう少し俗調を交えたらよいという批評をした。と同時に彼は大阪時代の友人である小宮山天香即ち即真居士《そくしんこじ》を紹介することを申し出ている。天香は朝日の主筆だから識っておいた方が便利だという意味だったろうが、その後桃水宅で天香に逢ったが、彼は一葉の原稿を閲読しただけで、結局大した世話もしないで終ったらしい。

一葉上野図書館に通い始む

桃水の一家内にある事件（後述）が起って、佐久間町の家を畳んで、桃水が神田表神保町の俵という下宿に移ったことがある。そこへ一葉は訪ねている。この俵なる下宿は中宿《なかやど》りで、五月十二日には平河町に転宅している。「このたびの家はいとめでたき所なりけり」と一葉は言うているが、四・五月は日記の上では六度訪問したことになっている。しかし日記は毎日ではなく飛び飛びにつけられているため、実際はもっと頻繁《ひんぱん》に通ったものと思われる。六月十日、一葉は萩之舎の社中の田中みの子と二人で初めて上野図書館に行った。小説を修業するのに文学書を読まねばならぬという気持が強くなったのであろう。六月十七日桃水からの手紙で、平河町の家を訪ねたが、まだ帰宅しなかったために妹の幸子と話し合っているうちに桃水が帰って来て、「うしの情深きなどかたじけなしともかたじけなし、されど筆にまかしてかいしるさんもかつは我身づからやましきこともあり」と日記にもあるように細々《こまごま》と物語って帰ったが、その帰り道になにとなく身をはかなく感じだしたことが同じく日記に書かれている。なぜはかなく感じたのか、桃水のいうように俗文調の小説が書けないことの悲しみか、或いは芸術の問題をはなれて桃水に対する愛情の上のもつれか、知る由もないが、とにかくこの六月十七日の夕べから十月まで、日記の文面から察しても桃水を訪ねていないのである。あれほど繁々と出入していたのをこの十七日の夕べを境として三ヵ月以上も足ぶみをしなかったということには、何かこの日桃水に言われたことが気に懸ったに違いない。そのほか客観的な理由としては、簡単に金になると思って飛びついた小説の道も、さて桃水に指導を受けてみると、あまりにも古典的すぎて、世間受けがしないと言われる。彼女には花圃のような円転滑脱《えんてんかつだつ》な才と広い教養がなかったために、人並《ひとなみ》以上の苦痛が起ったのである。文学は生計《たつき》のためであってはならないという気持と、生計のために文学をするより外に、身体の弱い自分には行く方法がないと考えることは、一葉にとっては大きな苦痛である。そして、とにかく言われた通りの戯作《げさく》的な文章をものして、一日も早く金に代えたいというあせりと、しかもそれに対する自信のなさで、何となく筆をとるのももの憂《う》くなって、あせりながらも歌の稽古や家の雑事にかまけて、四ヵ月もうかうかしてしまった、というのが実状であろう。しかしそればかりではあるまい。一葉の桃水訪問を勧めたのは母や妹ではあったろうが、それがすぐに金にならず、それのみか次第に桃水訪問に浮き浮きと感じるらしい姉を、妹邦子が懸念しだしたようである。日記によれば、友人の関場えつのところへ邦子が行って、えつから大分桃

邦子、桃水の噂を聞込む

水の悪口を聞いてくる。品行がふの字で、借金も多いこと、だから「姉君が覚《おぼ》す様には侍《はべ》らずとよ」と妹から言われて、胸もつぶれたと日記（九月二六日）にもあるが、そこには邦子の無意識的な嫉妬《しっと》がないとは言えないとしても、要するに姉を思うあまりの忠告であろう。しかし一向金にならないことに対して、滝子や邦子が最初ほど桃水を信用しなくなったことは事実である。それならば一葉の気持はどうであったかというと、雑記帳ではあるが、左のような歌を書きつけている。

半井《なからい》様　うしや車の引めぐりつゝ

なげきわびしなむくすりもかひなくば雪のやまにや跡とけなまし

とりかへすものにもがなや小ぐるまの行めぐりてもあはんとぞおもふ

これは日記のように万一にも人に見られることを予想して書いたものではない。本当の彼女の心の秘密である。明らかに桃水に対する思慕の情を詠《うた》ったものである。そして十月十八日になった。この日野々宮菊子が高等女学校の卒業試験が終って遊びにやって来た。一昨日半井君《ぎみ》のところに行って、一晩泊って昨晩帰って来たが、夏子ぬしは如何し給いしや、と半井君《ぎみ》が心配していたから、一度いらっしゃいと勧めるのである。菊子のその言葉を聞いて、一葉も桃水を訪ねる気持になり、手紙を出したところが、桃水から、妹の幸子が二十七日に嫁入ることになったので、その後に来てくれ、という返事が来た。ところが、二十四日邦子が菊子を訪ねた時幸子の嫁入りの祝物を少し持って行ったらよかろうという言伝《ことづて》を託したが、その時菊子は意外なことを邦子に話したらしい。日記には内容は書いていないが、この四ヵ月の間に怪しいことが多く、桃水がそれを自分に隠そうとしているということを菊子が語ったそうである。一葉は日記に、それを聞いて、「少しほゝゑまれぬ」と書いている。二十五日、祝物をもって桃水宅を訪ね、玄関だけで挨拶して帰ったが、その翌日また邦子が関場から、紅葉の不品行や桃水の借金の件を事々しく伝えている。二十八日は中部地方の大地震だったが、約束の縫物があったので、翌日の二時までかかって綿入れ二枚を邦子と仕立終り、桃水へははがきを出して、三十日訪問のことを告げている。その日昼頃桃水を訪うた。こみ入った話があるからというので、平河町の元の家から一丁ばかりの、ある裏家に行って会った。そこで彼女は桃水から、そのこみ入った話なるものを聞いた。それが菊子から聞いた邦子の話の内容と一致していた。即ち野々宮をして既に告げさせたことと思うが、自分の弟の浩《ひろし》が幸子の友人鶴田たみ子と関係して、子供が出来たこと、しかし自分はかかる粗野な男だが、君に対していささかも害心をもっていない。今まで足のとだえたのは、そんな風聞から、母君などが危険がってよこさなかったか、もしそんなことを気にかけず来てくれるならば嬉しいことだと語るのを、一葉は日記に、「おのれはさる心にもあらざりしかど、笹原はしる御心なめりかし」といっている。

ところが、ここで矛盾《むじゅん》することは、桃水が真相を野々宮に告げさせたという、その真相が野々宮の口を通して、邦子に伝わった時には、桃水とたみ子とが関係あったようになっていることである（これはこの後『一葉日記』を見れば明らかである）。桃水がそれをかくすために、弟浩の責任にしてしまったことに、一葉は「ほゝゑまれぬ」というのであるが、この場合の日記で、「おのれはさる心にもあらざりしかど、笹原はしる御心なめりかし」といっているのは、自分はそんな疑いはもっていなかったが、そういう御説明はかえってさきくぐりのお心でしようということで、わざわざ御説明にも及ばないものを、却っておかしくとれます、という意味にさえとれるのである。

一葉が桃水と結婚する意志があったかどうか判らないが、主観的条件と言えば既に日記に書き記しているように、最初は単に原稿の周旋を頼みに近づいたにすぎないが、次第に感情的に傾斜して行ったことに誤りはない。また客観的条件から言えば、共に戸主であるために、どちらかが廃嫡《はいちゃく》しないことには結婚出来ない。

伊東夏子の反対

また年齢が十二も違っている、ということはあったとしても、それは根本的な問題ではなく、相手にとって不足のある男ではないのである。借金に追い廻されると言っても、生活力はあり、もし家柄などを問題にしたら、桃水の方が遙かに上である。しかし周囲の人々は必ずしも桃水に好意を持ってはいない。母も妹もいろいろ噂《うわさ》を聞き込んでいるし、また萩之舎に於いても親友の伊東夏子が最も反対していたようである。新聞の続き物作者などは物の数でもないように考えていた。それともう一つは、一葉に植えつけられた倫理である。「おさなきよりおもふことゝ人にことにて、いさゝかも世の中の道といふことふみ違《たが》へじ」（二六年四月一五日）という世の中の道に対する観念であり、それは、明らかにこの当時の常識的観念である封建的な男女の道であった。姉の久保木夫妻を見るにつけ、彼女は恋愛の痛ましい結果を知っている。世に指弾《しだん》され、母や妹に煩《わずら》いをかけたくなかったのである。それればかりでなく、一葉が桃水との間に明らかに越えることの出来ない現実的な障壁《しょうへき》を感じてしまったことは疑えない。半井うしには妻があり、子があるという既定の事実である。ただ、ここに不思議に思われるのは、桃水が今度の不始末を弟浩の問題として説明しているのに、なぜ一葉がそれを否定して、「さる心にも云々《うんぬん》」以下の曖昧《あいまい》な云い方をしているのだろうか。気持の上では信じたくなくても、実際上当の相手を桃水と認めていることは日記(塵塚の一、むねのうら書。二五年一二月八日。二八年六月三日)を繙《ひもと》けば一目瞭然である。鶴田ぬしの腹に生れた千代子君《ぎみ》は半井うしの子と、彼女は最後まで信じ切ってきたということである。

一葉の桃水誤解の原因

ところで、ここに解《げ》し得ないのは、野々宮菊子の存在である。野々宮は桃水をひそかに愛していたということは、妹幸子が後年筆者にもらしたことであるが、桃水があらかじめ誤解のないように真相を菊子に伝えさせたのに、話が浩から桃水にすり変えられて、一葉に伝わったということは、菊子が作り上げたことか、邦子が誤り伝えたか、いずれかであるが、いずれにせよ、結果としては一葉と桃水との離間策とみられても仕方がない。それを一葉が桃水にはっきり聞き糺《ただ》さなかったことも悲劇と言えば悲劇であった。勿論彼女のような性格ではそれを問い糺《ただ》すだけの勇気はなかったのであろう。「此処に裂《き》れが御座《ござ》んす、此裂《これ》でおすげなされ」と一言《ひとこと》美登利《みどり》が呼びかければ（『たけくらべ』）、霜の朝の悲しい別れはなかったものを、同じように一葉がもう一歩進んで事の真相を聞いたらば、或いは彼女の悲しい諦《あきら》めはなかったかも知れない。そのかわり、『たけくらべ』『にごりえ』は出来なかったかも知れないが。

一葉が誤解して、自分を一歩退かしたという事実の真相は、実は桃水の言った通りである。弟浩は独協医学校在学中だったが、その間鶴田たみ子と関係して、たみ子が妊娠した。桃水は家の名誉を重んじ、秘密裏に事を処するために門下の小田久太郎の家の離家《はなれ》を借りて、そこで出産させて、福井の郷里に帰した。それが七月のことで、その生れた子を千代子と名づけた。この離家は十五番地で、桃

千　代　子

鶴田たみ子

水は二番地に住んでいたのだが、たみ子を帰して以来、この離家に、弟茂太と一緒に住んだ。なお浩はその後たみ子と結婚し、独協を中退して、敦賀で一家を構えた。千代子は幼少時は実家で育ったが、間もなく桃水が引きとり、七歳まで半井家で育てられた。一葉の後年の日記に彼女が桃水宅で千代子を見るところがあるが、その頃は桃水が両親と一緒に住み、千代子を引きとっていた頃である。後年の千代子の談によれば、たみ子は一葉が自分を誤解していると、ひどく嘆《なげ》いていたという話である。事実一葉の日記が公開されて一番驚いたのは、たみ子である。そのために千代子から桃水宛に自分の実の父は伯父様ではないか、という意味の詰問《きつもん》めいた手紙さえ寄こしている（半井桃水「一葉女史の日記に就て」大正元年八月）。筆者宛の妹幸子の書簡にも、この件について、

鶴田氏が敦賀より参り、知人なき為私同情致、兄桃水に頼み私と同室にて起居致して居りましたが、或時妊しんを打明られ、この様に驚ろき悲しい事は御座いませんでした。桃水兄に申わけなく、ほんとうに私立場なく存じました。

と、説明している。とにもかくにも、野々宮菊子の臆測が善意にまれ悪意にまれ、一葉をしてある諦観《ていかん》に導びかせたことは疑うべくもない。では菊子が本当にメフィストのような女であったかというと、むしろ善良で世話好きで、少しも底意は

持っていなかったようである。どちらかと言えばおしゃべりで、人の噂が好きな女性だったろう。彼女はこの年十二月、女学校を卒業すると共に（幸子は結婚のため中退、たみ子は前記の事情のため中退）、翌年一月から十月まで麹町尋常小学校に勤め、更に岩手県盛岡の私立盛岡女学校に赴任し、翌二十六年十二月で退職し、二十七年二月から横須賀の小学校に転じ、二十八年四月には帰京し、女高師附属小学校・番町小学校等を歴任し、二十九年十月に退職し、一葉の死歿当時は在京していたが、その間、安井哲子ほか多くの歌の弟子を紹介し、人間としては信頼されなかったらしいが、かなり頻繁に文通もし、在京中は一葉宅に訪ねたりして、かなり

野々宮菊子

交際は深かったようである。また時によれば桃水の噂をよく一葉に伝え、あたかも二人をとりもつかの如き印象を与えているが、結局一葉からは積極的にたみ子事件の真相は問糺《ただ》すことはせずに終ったらしい。菊子はその後、故郷の千葉県の大多喜町に帰り、そこの興業学校の助教授となり、やがて校長庄司鉡太郎《しゅんたろう》の妻となり、四十三年夫の死後、右興業学校の校長事務取扱を命ぜられ、大正三年四月には宮城県女子師範学校に移り、更に大阪樟蔭女学校に転じ、大正十一年七月二十四日在職のまま死亡している。明治二年生れだから一葉より三歳年上だった。子供は三人いたが上の二人は難産のため育たず、末子だけは築地浦島病院でようやく安産し、これに因《ちな》んで浦子と名づけた。余談であるが、佐々城信子がこの病院で独歩の子を生んで、同じく浦子と命名していることも面白い。

三　処女作

さて、十月三十日に四ヵ月ぶりで会った桃水との会見は、桃水のしみじみした物語をうわの空で聞いて帰るという結果になってしまって、それから暫く桃水を訪れていないが、十二月に入って生活の資に窮したらしい。桃水に金銭の相談をしたらしいことが、桃水から一葉宛の左の書簡によって判る。

先日は乍《ながら》レ例何之愛想もなく失礼仕候、御約束のものは二十五日の晩こなたより持参可レ為《つかまつらすべく》レ仕候、此外にまるで私の事にてをかしきお話あり、鳥渡《ちよつと》おめもじ希度《ねがいたく》、お忙しき折無理には願兼候へども、今明日の中もしお間くり叶《かなえ》（五－六字不明）被レ下度、夜分にてもよろしく、お帰りは車してお送り可レ為レ仕候、実は人前にて申難きこと、明日は日曜にて人参り候哉《や》も難レ計、乍ニ我儘一今晩ならばいよ〳〵好都合に御座候、草々、

十二月十九日　　　　　　　　　　　　　　半井　冽

樋口　様

遠路の処余り恐入候間、もし御都合よろしからずば必ず其義に及ばず、

この金工面《くめん》のことは直ぐには実現されなかったらしいが、結局二十円ばかりの金銭を桃水が用立てて（拙著『樋口一葉研究』三二〇―三二四ページ参照）やったらしい。

明けて二十五年（一八九二）二月四日、彼女は桃水と打ち合わせて、平河町を訪れた。ここは、有名な記録で、彼女が最も写実的に描写した光景である。少し長いが立派な文学作品でもあるので引用しておく。

雪の日桃水を訪る

三日、半井うしへはがきを出す、明日参らんとてなり、しばらくにしてうしよりもはがき来たる、明日拝顔し度《た》し、来駕《らいが》給はるまじきやとの文体なり、こはおのれが出したるに先立てさし出し給へるなるべし、かく迄も心合ふことのあやしさよと一笑す

四日、早朝より空もやうわるく、雪なるべしなどみないふ、十時ごろより霙《みぞれ》まじりに雨降り出づ、晴てはふり晴てはふり、ひるにもなりぬ、よし雪なればなれ、なじかはいとふべきとて家を出づ、真砂町のあたりより、綿をちぎりたる様に大きやかなるもこまかなるも小止《こやみ》なくなりぬ、壱岐殿坂《いきどのざか》より車を雇ひて行く、前ぼろはうるさしとて掛させざりしに、風にきほひて吹いるゝ雪のいとたへがたければ、傘にて前をおほひ行くいとくるし、九段坂上《のぼ》るほどほり端通りなどやゝ道しろく見え初《そ》めぬ、平川町へつきしは十二時少し過る頃成けん、うしが門におとづるゝにいらへする人もなし、あやしみてあまたゝびおとなひつれど同じ様なるは留守にやと覚えて、しばし上りがまちにこし打かけて待つほどに、雪はたゞ投ぐる様にふるに、風さへそひて格子《こうし》の隙《ひま》より吹入るゝ、寒さもさむし、たへがたければ、やをら障子ほそめに明て玄関の二畳斗《ばかり》なる所に上りぬ、こゝには新聞二ひら、但し朝日・国会配達しきたりたるまゝにあり、朝鮮釜山よりの書状一通あり、唐紙一重《ひとえ》そながうしの居間なれば、明けだにせば在否は知るべきながら、例の質《たち》とて中々には入りもならず、ふすまの際《きわ》に寄りて耳そばだつれば、まだ睡《ねむ》りておはすなるべし、いびきの声かすかに聞ゆる様なり、いかにせんと斗困《ばかりこう》じたる折しも、小田よりなりとて年若きみづしめ、郵便をもて来たりぬ、こはうしの此頃世にかくれて人にあり家しらせ給はねば、親戚などの遠地にある人々より書状みな小田君へむけてさし出し給ふなるべし、この使ひもこれ持来たりたるまゝ、うしをば起しもせでよろしくなどいひて帰りぬ、一時をも打ぬ、心細くさへなりてしはぶきなどしば〳〵する程に目覚《めざめ》給ひけん、つとはね起る音してふすまはやがて開かれたり、寝まきの姿のしどけなきを恥ぢ給ひてや、こは失礼と斗《ばかり》いそがはしく広袖の長ゑりかけたる羽織き給へり、よべ誘はれて歌舞伎座に遊び一時頃や帰宅しけん、夫《それ》より今日の分の小説ものして床に入しかば思はずも寝過しぬ、まだ十二時頃と思ひつるに、はや二時にも近かりけり、など、起しては給はらざりし、遠慮にも過ぎ給へるよとて大笑しながら、雨戸などくり明け給ふ、あなや雪さへ降り出でたるに、さぞかし困じ給ひけんとて勝手のかたへ行、手水《ちようず》などせんとなるべし、一人住みは心安かるべけれど、起るやがて車井の綱たぐるなど中々に侘《わび》しかるべきわざかなと思ひ居たるに、台じうのといへるものに、消炭少し入れて其上に木片の細《こま》かにきりたるをのせてうし持て来たまへり、火桶に火起し湯わかしに水入れて来るなど、みるめも侘しくて、おのれにも何か手伝はし給へ、お勝手しれがたければ教へ給ひてよ、先づこの御寝所《ねどこ》かた付ばやとてたゝまんとしたるに、うしいそがはしく押とめ給ひて、いなく〳〵願ふ事はなにもなし、それは其儘に置給ひてよと迷惑げなるに、おしてはいかゞとてやみぬ、枕もとにかぶき座番附、さては紙入れなど取ちらしあるに、紋付の羽織糸織の小袖など、床の間の釘につるしあるなど、らうがはしさも叉極まれり。昨日書状を出したる其用は、今度青年の人々といはば、いたく大人《おとな》顔する様なれど、まだ一向小説にならはざる若人達の研究がてら一つの雑誌を発兌《はつだ》せんとなり、世にいはゆる大家なる一人も交へず、腕限り力かぎり仆《たお》れて止まんの決心中々にいさぎよく、原稿料はあらずともよし、期する所は一身の名誉てふ計画ありて、一昨夜相談会ありたるまゝ、こは必らず成り立つべき事と思ふに、君をも是非とたのみて置きぬ、十五日までに短文一編草し給はずや、尤も一、二回は原稿無料の御決心にてあらまほしく、少し世に出で初《そ》めなば、他人はおきて先づ君などにこそ配当いたすべければなど、くれぐの給ふ、さりながらおのれら如き不文のもの初号などに顔出しせんは雑誌の為め不利益にや侍らむとて辞せば、何としてさることやある、今更に其様なこと仰せられては中に立《たつ》てそれがし甚だ迷惑するなり、先方にはすでに当《あて》になしたることとなればなど詞《ことば》を尽して仰せ給ふ、さればよろしく取計ひ給ひてよ、実はこの頃草《そう》しかけし文御めにかけばやとて今日もて参りぬ、完成のものならねどとて持てこし小説一覧に供す、よろしかるべしこれ出し給へ、おのれは過日ものがたりたるもの一通の文としてあらはさばやと思ふなりなどものがたらる、其中うし隣家へ鍋をかりに行く、とし若き女房の、半井様お客様か、お楽しみなるべし、御浦山しうなどいふ声垣根一重《ひとえ》のあなたなればいとよく聞ゆ、イヤ別して楽しみにもあらずなどいふはうしなり、先頃仰せられしゝあのおかたかと問はれて、左《さ》なりといひたるまゝかけ出して帰り来たまへり、雪ふらずばいたく御馳走をなす筈なりしが、この雪にては畫餅《がへい》に成《なり》ぬとて手づからしるこをにてたまへり、めし給へ、盆はあれど奥に仕舞込みて出すに遠し、箸もこれにて失礼ながらとて餅やきたるはしを給ふ、ものがたり種々、うしが自まんの写真をみせなどし給ふ、暇《いとま》をこへば、雪いや降りにふるを、今宵《こよい》は電報を発してこゝに一宿《いっしゅく》し給へと切にの給ふ、などかはさることいたさるべき、免《ゆる》しを受けずして人のがりとまるなどいふ事いたく母にいましめられ侍《はべ》ると真顔にいへば、うし大笑し給ひてさのみな恐れ給ひそ、おのれは小田へ行てとまりて来ん、君一人こゝに泊り給ふに何のことかはあるべき、よろしかるべしなどの給へど、頭《かしら》をふりてうけがはねば、さればとて重太君をして車やとはせ給ふ、半井うしがもとを出しは四時頃成けん、白《はく》がい〳〵たる雪中、りん〳〵たる寒気をおかして帰る、中々におもしろし、ほり端通り九段の辺吹くる雪におもてもむけがたくて、頭巾《ずきん》の上に肩かけすつぽりとかぶりて、折ふし目斗さし出すもをかし、種々の感情むねにせまりて、雪の日といふ小説一編あまばやの腹稿なる、家に帰りしは五時、母君・妹とのものがたりは多けれどもかゝず、ところが、この事実を桃水の記憶によると、次のようなことになる。

或冬の事でありました。武蔵野の編輯に夜を徹して朝九時頃から眠りますと、忽ち大雪が降出して、午後の二時には凡そ四五寸も積りました、疲れ果てて眠て居ながら、不図《ふと》微《かす》かな咳嗽《せき》の声に目を覚《さま》し、次の間《ま》の襖《ふすま》を開けば、火の気もない玄関に、女史が端然と坐つて居られた、何時お出になつたと問へば、十時過に上りましたが、好く御寝《およ》なつて居らつしやるので、お待申して居りました。実は少々伺ひたい事があつてと言《いわ》れて、時計を見れば既に二時過、女史は殆んど三四時間、寒い玄関に待たれたのである。慌《あわただ》しく座敷に請《しよう》じて、扨来意を問ふた処、女史は屢々言よどんだ末、「何だか可笑《おかし》くて申出しかねますから今日は此の儘お告別《わかれ》致しませう」と言て雪の小降《こぶり》になつた頃、菊坂に帰られた、一切不得要領だ。其の翌日手紙を送り、昨日伺ひに出た事は外でもない、今度改進新聞に書けとあつて、趣向をお示し下された内心中をする事がある、全体情死をする心持は何《どん》なものであらうか、夫《それ》を聞たいといふ難問、夫をお答へする事は出来ぬ、唯斯《こ》んな人間が斯うした義理に迫つたなら、如何さま死ぬ気になるであらうと、読者に思はせれば好いのである。近松でも馬琴でも、豈夫《あにそれ》情死の経験はなかつた筈と答へました。（「一葉女史」中央公論四〇年六月）

桃水には時々記憶ちがいはあるが、本筋は通っているので大体二つの文を照合してみると、一葉が桃水の指示を受けてある構想をたてた、それの仕組《しくみ》について質問するつもりで行ったことが判る。「もてこし小説」というのは後の『別れ霜』の未定稿である。桃水はその原稿を掲載しようとして受けとっておいたが、一葉はそれはそれとして改めて構想をたてて直した。それが『闇桜《やみざくら》』であった。

処女作『闇桜』

この二月四日から『闇桜』完成の十五日迄十日間は、一葉が最も張り切った時である。この間病中の中島歌子を訪い、後事《こうじ》など託したいと心細げに泣かれるほどの親しさを示されながら、桃水への約束の十五日〆切に間に合せたいために、稽古日を休み、十三日は昼夜を通し、明け方にちょっと眠り、十四日夕刻になって完成した。これが作品として完備した一葉の処女作『闇桜』である。筋をかい

つまんでおくと、

良之助とお千代は幼友達で、お千代は十六、高島田の美しい娘になった。「お前様が学校を卒業なされて、何といふお役か知らず、高帽子立派に黒ぬりの馬車にのりて西洋館に入り給ふ処」を夢にみたと言っても、書生気質で淡白な二十二歳の青年良之助には可愛い妹の心以上には汲みとれず、相変らず兄妹のやうに仲よくしていたが、或る日縁日で一緒に歩いてい

『闇　桜』

るところを友達に「お睦《むつま》じい」と背中をたたかれてから、女心に目覚めたお千代は悲しさと恥づかしさのために病み細って、家族の気づいた時はもうとり返しのつかない容態になってしまっていた。高熱の中に呼びつづける「良さま」をお千代の枕頭に呼んでやった時は、お千代は指輪を抜いて「これを記念《かたみ》に」と渡したのが最後で、それは明日をも期しがたい夜であった。

どこまでも筋立を中心とした乙女の空想でかためたような稚拙《ちせつ》な作であるが、そこに一葉のふとした実感が紛《まぎ》れ込んでいる。そして悲恋に詩的情緒を感じる敗北的恋愛観はこの作品に芽生えている。

桃水の作品指導法

ところで、桃水は一体どのように一葉の作品を指導したかというと、それは桃水の回顧録などにも見えるが、最もはっきり示したものは次の書簡である。

ひと日はしら波のぬれ衣《ぎぬ》もしきせ給ふともほすよしなきあやまち、さぞかし礼なきものと思しめされ候ひけん、御心のほどもはづかしく、御ゆるし幾重にも願上参らせ候、御名はぞんぜねど、あの御方にも何とかおつくろひ被レ下度、それはあの様に礼しらぬ弟子をも持しなどと師の君のお前様をまで他人に思はせんがつらければにて候、小説の趣向につきてお話しいたし度参上いたせしなれど何か跡先に成御聞取りもおむつかしかるべくとぞんじ、さらに文し申上候、艶《えん》なるものよかるべしとの御仰せ、花鳥のいろ音《ね》床《ゆか》し気《げ》なるものをと案じ候へども、捜《さぐ》る手に月の光りはしれ申さず、お笑ひぐさの感違ひのみに御座候はんなれども、目にちかく知ることゝては鶯侯蛙《おうこうあ》伯《はく》の表《おもて》風流から何とやらうつし出したりとて少しのにほひもあるまじく、実は先もじ御はなし申上んとせし趣向二つあり、一つはある職工良家の美嬢に恋はれてその聟にと望まるゝをも聞かず、一意専心其道につくし而《て》貧苦いとはず艱難うまず熱心の極まりにぞ、見る人なき世を恨んでその製作品を破砕し終て自尽《じじん》するといふのにて、誠に取とめなくつまらぬものと、今一つはいにしへの生田《いくた》川《がわ》のおもかげを似せて、等しく両人を思ふといふ恋をつくりて見ばやとぞんじ候、尤も結局は三人入水といふ訳ではなく、甲乙の雅男《やさおとこ》いづ方も取がたく捨がたく、憂慮のまゝに、心にもなき闇愚とる所なき痴漢《ちかん》に嫁し終るといふ趣向に御座候、いづ方に致せしものか思し召伺度、御をしへのほど願上参らせ候、右あらましながらそなた様御都合もいらせらるべく、御詞次第にて又前のにいたしてもよろしく、何とぞ御遠慮なく仰せいたゞき度、先は取あへず願用のみ、何もあら〳〵かしこ、

三月十日　　　　　　　　　　なつ子

師の君御前に

この手紙は未発表なので、一応説明しておこう。宛先は麹町区平河町六丁目廿二番地、小田様御内半井さま、であり、小田は小田果園。二十二番地は小田の母《おも》家《や》である。封筒の裏は本郷きく坂、ひな子、とあり。ひな子は一葉の仮名。萩之

舎社中に伊東夏子・樋口夏子があり、共に夏ちゃんだけでは混同する故、い夏ちゃん、ひ夏ちゃんと呼び別けたと花圃の思い出にある。そこで、ここではわざとひな子と匿《とく》名形式に使ったのであろう。手紙の最初に出てくる、あの御方とは日記二月十五日及び三月七日の項にあるように「年若く色黒き人」で小田果園を指す。但し書き出しは例の一葉的な修辞法で誇張で、一葉が礼知らずの言動が出来る女ではない。問題は二つの趣向の質問であって、これは既述の「桃水思い出」にあるように、一葉という女性は何か聞きたいことがあっても、桃水の前ではうじうじとして言いそびれて、後から手紙を出すという常套《じょうとう》手段をしているが、ここでもそれにならっている。第一の趣向は後『うもれ木』に発展し、第二の趣向は『玉襷《たまだすき》』の伏線になったと認められる。このようにして、一葉が桃水から受けた小説の指導というのは、まず趣向を立て（そのヒントは桃水から与えられることもある）、そして桃水の同意を得れば、その趣向にそって場面々々を作り（場面々々の

小説の趣向と添削

下書は現に樋口家に一冊のノートにして残されている）、そして、それを物語に纏《まこ》めて浄写したものを桃水に届ける。それを桃水が、会話及び字句について若干の修正をし、誤字・仮名遣いを正すという形式をとっている。この方法は最初はかなり几《き》帳面《ちょうめん》に行われたらしく、ひとり一葉のみならず、他の小説家にもあてはめられることである。花圃の『藪の鶯』の草稿が三宅家に現存するが、それなどを見ても逍遙が細《こま》かく添削《てんさく》した跡が、朱筆ではっきり記されているし、鏡花の草稿を紅葉が真赤に朱筆で染めたということは、周知のことである。花圃の場合には逍遙と子弟関係ではなかったから、趣向の立て方まで教えを乞わなかったが、一葉や鏡花の場合には試作時代にはこうした作者自身の独創によるべき作品構成にまで師の教えを仰いだことが歴然とする。桃水が最初かなり懇切に一葉を導いたことは、例えば架蔵の『闇桜』草稿があるが、これは一葉の最初の浄写原稿である。これと桃水主宰の小説雑誌『武蔵野』に公表された『闇桜』の本文を照合してみると、会話及び字句の修正に著しく桃水の手の加わった痕跡《こんせき》が見える。

　こういう小説修業が、一葉にとって有利であったかどうかは別問題として、少なくとも彼女の小説の基礎的作業の役を果したということは疑いもない。ただ、こういう趣向の立て方は初期だけであった。やがて一葉が現実生活と深刻《しんこく》にとり組み、その世界観が深まると同時に、西洋文学の教養を受けた『文学界』同人と交わって、近代文学のあり方を知り、いわゆる戯作《げさく》的趣向にあきたらなくなるに及んで、桃水的な趣向に訣別《けつべつ》せざるを得なくなることも必至の経路であった。

桃水本郷へ転宅

　明治二十五年(一八九二)三月十八日、桃水は初めて一葉宅を訪問した。本郷西片町十ノ一河村重固《しげのり》方に移転して来たので、その挨拶旁々《かたがた》『武蔵野』が明後日出版になるという報告を持って来たのである。母の滝子は「実にうつくしき人哉、亡《なき》泉太郎にも似たりし様にて温厚らしきことよ、誰は何といふともあやしき人にはあらざるべし」とべたぼめをするが、妹の邦子は「表むきこそやさしげなれ、あの笑《え》む口元の可愛らしきなどが権謀家の奥の手なるべし、中々心はゆるしがたき人なり」などとけなしたことが日記に書かれている。

桃水と河村家

　桃水の寄寓した河村は備後福山藩士で、その妻千賀は桃水と従姉《いとこ》の関係にある。当時河村家には主人夫婦・老母及び女児芳子（後年帝劇女優の河村菊枝であり、宗十郎に嫁した沢村予至栄である）の四人と女中との五人暮しであり、主人の重固は間もなく七月初旬病歿した。家が近かったせいか、この桃水本郷時代はかなり一葉も繁々出入している。この間桃水が病気をした時の如きは、つらい暮しの中から彼女は伊予紋の口取、藤村《ふじむら》の蒸《むし》菓子等を見舞に持参し、また一方必死に小説を書いている。

　五月二十一日、野々宮菊子が一晩泊りに来た。この時も桃水の噂をしたらしい。「野々宮君《ぎみ》と種々ものがたる。半井うしの性情・人物などを聞に、俄に交際をさへ断り度なりぬるものから、今はた病《やまい》にくるしみ給ふ折からといひ、いづこへぞかく斯《かか》る事いひもて行かるべき、快方を待てと心に思ふ」と二十二日の日記に書つけている。ところが、この朝野々宮が帰ると直ぐ桃水のところへ見舞に行っているから、彼女の心情もいじらしいものである。この日初めて小田果園と近づきになったことが書かれている。

『闇桜』評

このころ一葉の『闇桜』評が改進・朝日等の新聞に掲載された。しかし、ごく御座《お》なりで、「燈《ひ》ともし頃を散る恋の心いとあはれなり」(東京朝日)程度の評で、諸評は桃水・三《み》品蘭溪《しなりんけい》・右田寅彦に集注され、特に一葉を褒めたものはなかった。『武蔵野』は第三編まで発行され、一葉は二編に『玉襷《たまだすき》』、三編に『五月雨《さみだれ》』を書いたが、結局文壇的にはまだ認められなかった。

『武蔵野』廃刊

『武蔵野』が戯作者《げさくしゃ》くずれの大衆作家の余戯ぐらいに考えられて売行きも芳《かんば》しからず、結局廃刊せざるを得なくなったのである。

『別れ霜』

このほか桃水の推薦で改進新聞に『別れ霜』を連載している。四月四日から十八日までであるが、これはいわゆる絵入小説で、大衆読物扱いにされているため、作者名も浅香のぬま子と変名で載せている。一葉が変名で載せたの

『経づくえ』は、このほか甲陽新報の『経づくえ』（ママ）で、これは春日野しか子、共に『古今集』からヒントを得たもの、いわゆる趣向が表面に押し出されたものである。この間の事情は『かきあつめ』に左の如く記されている。

廿五年二月はじめ、半井君《ぎみ》ほつきにて研究の為に二三の人とはかり、武蔵野といふ雑誌を発兌《はつだ》せられ姉も筆とりしなり。

三月末つかたより改進新聞にあやしきものを出す。

右文中「あやしきもの」というのは当時新聞の絵入小説なるものは、戯作者のつづきものと同じ扱いにされた娯楽もので、当時の文壇に於いても一段低いものとみなされていたからである。同じ連載小説でも紅葉の『三人妻』とか、露伴の『五重塔』とかは読売や国会に載ったものだが、これは絵入ではなく、高級な小説の部に入れられていた。

歌子の母いく死去

三　桃水との別離

六月はじめ、中島の老人なき数に入ぬ。そのとりおきのため人々多くあつまりて種々の話のうち、半井《なからい》君とあやしきかんけい有様、口々にそしる。年若かりければ前後見ずに腹立ちて、半井君え其ことといひて、後は文のみにて出入は少しもせず。（「かきあつめ」）

右について少し説明しておく。

六月三日午前十一時中島歌子の母いくが萩之舎で歿した。もと水戸藩常宿《じょうやど》池田利右衛門の娘で、家政を切って廻し、歌子を育て上げた女丈夫《じょじょうぶ》である。一葉は一日からつめかけて臨終を看《み》とり、四日小出粲《つばら》の歌会には師の代理として出席し、六日の葬式をすませて、翌日桃水宅に赴いた。彼女は普断《ふだん》は銀杏《いちょう》返しに結っていたが、この日は葬儀のあとでもあったろう、島田に結い上げていたので、河村家でもよ

桃水、一葉を紅葉に紹介

萩之舎における一葉と桃水との噂

く似合うと言われた。この時桃水は一葉には絵入の新聞小説は無理なので、紅葉に引き合わせるから、彼によって読売などに執筆出来るようになったらよかろう、委細は弟子の桃溪に頼んだから、紅葉に会ってみないかと勧めた。それを「いと忝けなし」と一葉は日記に書いている。桃水も作家であり、次第に一葉の進むべき道が、己の力の限界内に止まってはいられないことを知ったのであろう。恐らく責任転化ではなく、戯作修業をさせるより、純文学に進ませた方が、一葉を生かす道だと考えたのであろう。この日はこれで別れたのだが、然るに十二日の十日祭の時に、一葉は萩之舎で伊東夏子に呼ばれて、桃水とあやしき関係があるとの噂を告げられ、それでもつき合う気かと詰問された。伊東夏子は富家の娘であり、且つ熱烈なクリスチャンであったために、一葉の桃水訪問は、半分は切《せ》っぱつまった生活の打開という意味があることを理解出来なかった。それに新聞記者などは頭から軽蔑していたので、社中で桃水・一葉の噂がかまびすしくなるにつれ、こらえきれなくなって、忠告したのであろう。また一葉自身も桃水のことになるとはしゃいで、花圃などにもいろいろ物語っているから、それが針小棒大に伝わったものであろう。伊東夏子自身も後年、

伊東夏子の忠告

> 桃水との陰口が、はげしくなり、夏子さんは、意志の弱い人では無いに、誘惑される怖《おそれ》でもあるやうな事が、耳に入りましたので、癪《しやく》にさはりまして、あんな者と、師匠の関係は、断つてお了《しま》ひなさいとすすめました。それから絶交はしませんでしたが、師匠として、出入りするのは止めました。
> 桃水が、夏子さんと、つり合ひのとれる人でしたら、何とかもう少し云ひやうもあつたでせうが、つい強い事を云つて了ひました。（伊東夏子、「一葉の憶ひ出」）

この桃水に対する伊東夏子の批評は、上流社会に立ち交わる当時の社中の空気をも反映していると思われる。さて一葉が、伊東夏子が聞いた噂というのを、具体的に師の歌子から聞いたのは、翌々日十四日のことである。日記によれば歌子

一葉の驚愕忿怒

が聞いた噂というのは、桃水が一葉を自分の妻だと言いふらしたということである。それを聞いて一葉は、「我一度《ひとたび》はあきれもしつ一度は驚きもしつ、ひたすら彼の人にくゝつらく、哀《あわれ》潔白の身に無き名おほせて世にしたり顔するなん、にくしともにくし、成らばうたがひを受けしこゝらの人の見る目の前にて其しゝむらをさき胆《きも》を尽してさて我心の清らけきをあらはし度しとまで我は思へり」とまで日記では極言をしている。一葉が処女らしい潔癖からすぐ噂に激昂《げっこう》する例は、後年の川上眉山《びざん》の場合にもあったが、この場合の憤りの心情はかなり複雑なものがあったろう。ただこの文章だけを見ると如何にも心外に堪えない気持が表現され

噂の根原

ているが、また一方一葉が花圃に、桃水のことをいろいろ吹聴《ふいちょう》し、時によれば、一葉が桃水に結婚を申込んだにもかかわらず、桃水は自分には性病があるから自分を思い切ってくれと言われたことを、直接一葉から聞いたという話さえ残っている。これは花圃が座談会その他でよく筆者にも話したところである。しかし、

どう考えても一葉が結婚を申し込むなどということはあり得ないから、或いは花圃が一葉の言葉をそのように推量して伝えたのかも知れない。「つまりそんなに好きなら桃水さんと結婚したらどうか」とでも聞いた時、一葉が、「でも先生に悪い病気があるから」とでも答えたか、或いは桃水がそれとなく、「自分には悪い病気があるから結婚出来ない」とでも言ったのか、いずれにせよ一葉が正面切って求婚したことは考えられないが、それにしても彼女が友人の前で、桃水をひけらかしていたことだけは事実であろう。とすれば今更桃水が自分を妻だと言いふらしたところで、「そのしゝむらをさき胆をつくす」とまで憤るのは可笑《おか》しい。よほど虫の居どころが悪かったか、何か原因が他にあったかと思われるが、そこで一応考えられることは、彼女が桃水から侮辱を受けた理由として例の鶴田たみ子の件が思いあたるのである。要するに、一方にはかくし妻・かくし子がありながら、他方に自分を妻と言いふらしたことに憤りを感じたのである。

その結果、六月二十二日母や妹と相談して、桃水から借りた書物を返すと共に、自分が君様《きみさま》の許《もと》に常に参るために、師の耳にもその噂が入り、君様にも自分にも一生の瑕瑾《かきん》になるので、暫くは今後御目にかかるまいということを語った。そして一方では桃水を憎みながら、また一方では噂を撒《ま》き散した友をも憎み、とつおいつ涙にくれるところが、二十二日の日記に書かれている。この日めずらしく妹の邦子が姉の長居を心配して、桃水のところまで迎いに来たので打ちつれて帰ったとある。

かくして桃水宅に出入することを断念した一葉は、紅葉への紹介も断った。そして間もなく河村重固が病死した由を聞いて桃水宅を訪れたところ、桃水は転宅の準備中で話もなく帰った、と日記にある。転宅先も聞かず、その足で「思ひ立つことありて田辺君を訪ふ」と日記にあり、田辺君とは花圃である。よりどころを失った彼女としてみれば、今は意地も張もなく、花圃に相談するより他はなかったのである。

桃水神田に転居

八月十二日、桃水は西片町の河村家を去って、神田三崎町一番地に松濤軒《しょうとうけん》と号する葉茶屋を開いた。実は河村未亡人千賀子は三十を越した程度なので、彼は噂が立つのを恐れて引越したわけであるが、この葉茶屋開店には多少河村家から出資があったことが推察出来る。後一葉がこの店の前を通って、桃水の妻と見誤ったのはこの夫人である。というのは桃水の葉茶屋経営は失敗し、間もなく千賀子が桃水から譲りうけ、彼はその隣家を改造して住んでいたので、一葉は半井家と河村家とを混同していたのである。但し桃水は二十八年に両親が朝鮮釜山から引き上げて来たので、飯田町四丁目に本宅を構えた。半井一家はそこに住し、桃水は時々三崎町に通った。一葉が後に訪れた桃水の家というのは、この飯田町の本宅の方である。

ところで、一葉が桃水と離れようとしたことは、作家としては却って幸福だったかも知れない。『かきあつめ』に「年若ければ前後見《あとさき》ずに腹立ちて」とあるが、これは一葉が一家をなしてから邦子に語った言葉で、たしかに前後見ずにという言葉は、二十八年以降の一葉としては切実に痛感したであろうが、とにかくこのことによって、一葉が一時よりどころを失って、虚脱状態になったことは疑われない。要するに一葉は噂を聞くとそのまま取り乱して、一言も桃水に糺《ただ》すこともなく、一人ぎめにしてしまう点があった。たみ子の場合も、菊子の話を信じ込んで、当の桃水に聞くことを敢えてせず、今度の風説もやはり桃水に糺すこともせず、考え方によれば一葉ほど自慰的であり、利己的であるものはないと言い得る。真相を糺そうとする熱意より、表面的な世間への思惑《おもわく》が、つまり樋口の家に根強く伝っている封建倫理が、彼女の心の殻を破ることが出来なかったのである。勿論この背後には母滝子の気持も裏打ちされていることは疑いもない。口先だけであやつりながら一向原稿を金にしてくれない、要するに経済的に頼りない男なら、

訣別後の一葉の心境

早く見切りをつけてしまえ、こういう功利的な考え方の前《まえ》には、一葉の心の奥底の細《こま》かいゆらめきなどは問題にならなかったのである。また一葉自身も芸術的な苦悶はあったろうと思う。つまり桃水の作家的天分に限界を感じ、これ以上桃水的なゆき方をしていたら、自分の文学は伸《のび》っこないと考えていたことも事実であろう。そういういろいろな要因が重なりあって、たまたま、あらぬ風説にむかっ腹を立てて、桃水から退ぞこうとしたわけである。しかし、これが前後《あとさき》見ずの仕業《しわざ》であったことは、桃水と別れてから改めて自分の本心をつきとめることによって、人間的な不幸さを自覚することになった。表面はきっぱりかたがついたが、それは下燃《したも》ゆる焔を消すことにならなかったことは、この日以降死ぬ迄の日記が細《こま》かに語るところである。

二十五年八月二日の日記を見ると、この日一葉は『武蔵野』第三篇を買っている。五月に出るべきものが七月になったものだが、この号には『五月雨』が掲載されている。拾銭ではあるが桃水から貰うことも出来ず、買っているのである。そして本号で『武蔵野』は終刊になった。この頃の日記や手紙を見ると、彼女はかなり頭痛に悩んでいたようである。大体十四歳ぐらいまでは、健康で頭痛を知らなかったと言っているが、生活的な苦労や精神的な心痛などが重なって来て、頭の痛みを覚え出したものであろう。またこの当時生活は極度に詰っていたらしい。日記を見ると、

廿八日、（前略）我家貧困只《ただ》せまりに迫りたる頃とて、母君いといたく歎き給ふ、此月の卅日かぎり山崎君に金十円返却すべき筈なるを、我が著作いまだ成らず、一銭を得るの目あてあらず、人に信をかくこと口惜《くちお》しとてなり、種々談合、おのれ国子ある限りの衣類質入して、一時の急をまぬがればやといふ、母君の愁傷《しゆうしよう》これのみとわびし

卅日、晴天、母君しきりに質入れのことを可ならずとして、安達に一度金策

たのまんと早朝趣き給ふ、我つとめて止めたれど甲斐なし、同家不承諾のよしにて午前に帰宅、思ひしことなりとて一同笑ふ、午後よりことに勉強、日没後国子と共に右京山に月待《つきまち》をりて虫を聞く、帰宅後山下直一君来訪
卅一日、晴天、今日は二百十日の厄日《やくび》なりとか聞くを、空のどかにして風もなし、終日来客なく、日没後母君西村君を訪はんとて出給ふに引違へて同氏来訪、しばらくして帰宅、山崎君金子の事に付て参る（日記『しのぶぐさ』二五年八月）

とある。文中山崎というのは父の知人山崎正助、安達は湯島の安達盛貞のこと、同じく父の知人で、一時親類同様につき合い、一葉も伯父と称した。しかし、この時は老体であり、病身のため金談は不調に終った。ところが山崎に返すべき金の期日が三十一日に迫ったので、神田鍛冶町の石川銀次郎から十五円を借り、その中から十円を山崎に返した。奥田ゐいに例月の利子を払ったが、要するに苦しくなると、父の存生中恩顧をかけたり懇意にしていた知人を訪ねて、借り歩いた

花圃に小説の周旋を依頼

ことが判る。またこの頃、姉のふじが久保木と争って、水道橋畔に投身しようとしたことがあるが、これも生活の苦しさが争いのもととなったのであろう。このようにして、樋口家の収入は、何時かは戸主の一葉が小説で原稿料を得るということを唯一の目あてに、借金と内職とあとは売食いである。従って一葉としてはしゃにむに小説を著述するよりほかはなかったのである。そして花圃に周旋を頼んだ小説が、九月十五日に一応脱稿したので、花圃の所に持参し、この時花圃に婚約が成立したことを聞いた。相手は政教社の三宅雄二郎即ち雪嶺である。また甲府の野尻理作から手紙で甲陽新報に寄稿を依頼された。これも書き出した。桃水から離れたので萩之舎にも正規《せいき》に通《かよ》い、生活と戦いながら、とにかく小説を書くことに専念した。十月三日の日記の後に、「連日の雨や机と御親類」の句が見える。六日には甲陽新報の原稿『経づくえ』《(ママ)》を脱稿した。この十四日野々宮菊子が、盛岡の女学校へ赴任するので上野駅へ送ってゆく。何かと桃水の噂を伝えてくれた彼女ではあったが、彼女を送るということは、桃水に対して聾桟敷《つんぼさじき》になることであった。

『うもれ木』

十月二十一日、雑誌『都の花』編集者藤本藤陰が初めて来訪し、花圃を通じて渡された小説『うもれ木』の稿料十一円七十五銭を受けとった。一枚二十五銭の割で、当時無名作家だった花袋の『新桜川』と一緒に翌月掲載されたものである。但し花袋の方は、一枚三十銭で、五銭相場が高かった（もっとも一葉も次の『暁月夜』からは花袋と同額になった）。この『うもれ木』は、在来の戯作的趣向を捨てた露伴ばりの小説で、兄虎之助をヒントにして、世に入れられない名人気質《かたぎ》の陶工の悲運の一生を書いたもので、この素材は既に一一九ページの書簡で示したように、桃水に師事している時に出来ていたものである。勿論作風としては、意識的に今までの悲恋小説から抜け出ようとし、反動的に男性を主人公とし、彼女の心の中で成長もし、且つ肯定もして来た「ひが者」的精神を発揮しようとしたもので、

『うもれ木』
文学界同人
の目をひく

それを強調するあまり、一葉独得の抒情性《じよじようせい》は失われたが、この作が当時一流雑誌の『都の花』に載ったため星野天知・平田禿木《とくぼく》・戸川秋骨などの目にとまり、女性に珍しい気骨《きこつ》を有する作家として賞讃され、彼らが雑誌『文学界』を創刊するに当り、一葉に寄稿を頼んだという奇縁を作ることになるのである。

仄聞《そくぶん》になるが、花圃が一葉を『都の花』に推薦したことは、勿論彼女の世話好きにもよることだが、半面には桃水と別れて、悲愁覆い難い一葉に同情して、それも、もとはと言えば、自分達がわいわい騒いだから、せめてその罪ほろぼしに、「なに桃水などの世話にならなくても、私が後援するよ」ぐらいな女伊達《おんなだて》気分から乗り出したと言えないことはない。但しこれは筆者が、花圃がそれとなく話す言葉の中から察したに過ぎない。しかし結果に於いてはこの当時の一葉に対する引立ぶりは、後年一葉がどのように花圃の悪口を日記に書き付けたとしても、無視することは出来ない。花圃は明治女学校の教師をし、雪嶺との結婚の媒酌人は、明治女学校長の巖本善治である。巖本はまた一方キリスト教的臭味はあるが、その主宰する『女学雑誌』に於いて、理想主義的文学論を発表し、且つ西欧文学思潮によって洗礼された有為《ゆうい》の文学者達を、その周囲に集めていた人である。従って花圃は女流文学者の先輩であると共に、若き新人達ともつき合っていた。一葉が『文学界』に近づいたのも間接には花圃の口ききが強く働いている。『文学界』創刊のことを最初に聞かされたのは花圃からであった。反動もあったろうが、この二十五年末の一葉の張切り方はすさまじかったようである。『うもれ木』の好評で、編集者の藤本は一葉に更に次の原稿を頼んだ。一葉もそれに応じて『暁月夜』を書いた。

『うもれ木』が載った『都の花』が発売されたのは、十一月二十日であるが、十二月に入って九日の納会を済《すま》し、十一日花圃の許を訪ねた帰り、三崎町の桃水宅を五ヵ月ぶりで訪ねている。日記には「人なきを見てつと御身ちかくさし寄りつ

〵（中略）何事もうき世に申合す人なき様にて心ぼそさ堪がたし」と書いてある。「何も〳〵残したる様にて別れぬる也」といっているが、これは河村方の話によれば、一葉さんは上っても何も言わず、まるであたりをうかがうような様子をしただけで帰ってしまった。本当に変な人だということになっている。恐らく現実の一葉は桃水の前ではその通りであったろう。日記においてだけ、彼女は雄弁に物語っているのである。

その日暮しの一葉

暮に迫って、例の如く借金に追われて、二十七日の日記によれば、

さりとも明日は廿八日なり、餅つかせずばとて二円ばかりあつらへぬ、是れは奥田に払ふべき利金をしばし餅のかたに廻すべき心ぐみ成しなれども、今《こ》宵《よい》この老人の来しに待てよと言はんも苦るしとて、手もとにあるほどを集めて二円やる、さるはまだ二円五十銭斗《ばかり》渡すべきながら、夫れは利金ならずして元金の方なれば、しばしの猶予を頼みて斯くはせしなり、扨も明日岡野よ

り持こみし時何といはん、榛原《はいばら》へあつらへ置し醤油も明日は来ん、其払ひは何とせんとみ合す顔に吐息《といき》呑込むもつらし、奥田の老人いざとて帰らんとする時郵便とて届きしは何、あわたゞしく見れば、藤陰隠士より暁月夜の原稿料明廿八日両替町の編輯処にて御渡し申さん、午前の内に参らせ給へとなり、自然は斯くも円滑なるものか。（『よもぎふにつ記』二五年一二月二七日）

これが一葉一家の生活であった。全くその日暮しの生活であった。そこで一葉は金港堂で三十八枚分十一円四十銭を藤陰から受けとった。次の描写は実に美しい。一葉の日記にはその文学性に於いて作品以上の価値のあるものがあるが、それは彼女が日記を書きつつたえず生活の中に物語や詩を見出しているからである。だから自らを物語の主人公化し、感情にも描写態度にも恐らく誇張はあろうけれど、実感が流れているために、一つの文学作品を形成するほど具象《ぐしょう》的に書かれているのである。

家に帰りし時は餅も共に来たりぬ、酒も来たりぬ、醬油も一樽来たりぬ、払は出来たり、和風《わふう》家の内に吹くこそさてもはかなき、いざとて午後より師君へ歳暮に趣く。中村君より我れへの歳暮に帯上げのちりめんを送られしとて取次がる、師に頼まれて小出君に歳暮もの持ゆく、帰路かねての心組に暁月夜の原稿料十円のつもり成しを、おもふに越えたれば、彼《か》の稲葉のほなみ風にもまれて枯々なるも哀《あわれ》なるに、昔しは我れも睦《むつ》びし人の、是れよりは何ごとも頼まねど、流石《さすが》に仇の間には非らず、理を押せば五本の指の血筋ならねど、さりとておなじ乳房にすがりし身の、言はゞ姉ともいふべきを、いでや喜びは諸共《もろとも》にとて、柳町の裏やに貧苦の体を見舞ひて金子少し歳暮にやる、昔しは三千石の姫と呼ばれて白き肌に綾羅《りょうら》を断たざりし人の、髪は唯かれのゝ薄《すすき》の様にて、いつ取あげけん油気もあらず、袖無しの羽織見すぼらしげに着て、流石に我れを恥ぢればにやうつむき勝に、さても見苦るしき住居にて茶を参らせんも中々に無礼なればとて打詫《わび》るぞ、ことに涙の種なり、畳は六畳斗にて切れもきれたり、唯わらごみの様なるに、障子は一処として紙の続きたる処もなく、見し昔しの形見と残るものは卯の毛におく露ほどもなし、夜具蒲団もなかるべし、手道具もなかるべし、浅ましき形の火桶に土瓶《どびん》かけて、小鍋だての面かげ何処にかゝある、あるじは是れより仕事に出る処とて筒袖の法《はっ》被《び》肌寒げにあんかを抱きて夜食の膳に向ひ居るもはかなし、正朔君《ぎみ》の我土産を喜こびて紅葉の様なる手に持しまゝ少時も放たず、御仏前に御覧に入給へと母君に言はれて仏だんめきたる処に備ふ、何事も時世にてまためぐり来る春もあらんを、正朔君だにかくてあらば夢力を落し給ふな、かよわき御身に胸をいためて病気などを起し給はば夫《それ》こそ取かへしのあることとならねばとて慰む。（『よもぎふ日記』二五年一二月二八日）

これだけで立派な物語になっている。この稲葉の生活はやがて『にごりえ』の源七佗住《わびずま》いの素材になった。但し文中三千石の姫とあるは語調を整えるためであった。稲葉鉱《こう》は湯島三丁目二千五百石稲葉大膳の娘、母滝子があやめと称していた時分、生れたての長女ふじ即ち一葉の姉を里児に出して、乳人《めのと》となって乳をあげた娘だから、姉とは乳姉妹、当時三十六歳、夫の寛は稲葉家の養子、維新当時徳川家達《いえさと》について駿河《するが》に無禄移住した。しかし忽ちに窮迫した。旗本の身とて定職もなく、東京に帰って昔に変る日傭《ひやとい》労働者として憐れな生活をしていたわけである。後、市ヶ谷刑務所の看守《かんしゅ》をしたという噂があるが、晩年は明らかにしない。

この歳の暮は、右のような訳で比較的生活的にはのんびりしたらしく、大晦日《おおみそか》には夕方までに掃除を終り、妹と買物がてら下町の景気を見に行くために、本郷通りから明神坂を下り、小川町から三崎町の桃水の店先の前を通って帰っている。道順にはなるが、何とはなしに心があこがれよったものであろう。ところが下女とは見えない若い女がいたので、邦子が大阪から持参金つきの嫁だろうと姉に告げた。一葉は近眼だから勿論相手が判らなかった。これだけの店を素手《すで》で買えるわけはないから、どこからか金は出たものだろう。「世は懸かる物とうめきて」と日記に書いているが、うめくという言葉遣いが面白い。一時的な誤解ではあるが、桃水も渋谷三郎並《なみ》に考えられたわけである。但しこの若い女性とは河村千賀子であることは前述した。尤も千賀子と桃水との関係はどの程度の親しさであったかは判らない。相当に深い仲であったろうことは桃水宅に暫く引きとられて成長した河村菊枝が後年筆者にもらしたところである。

『雪の日』

二十六年一月『文学界』に小説『雪の日』を送った。『雪の日』は去る二月四日一葉が桃水を訪ねて細《こま》やかな物語を交わして大雪の中を車で送られて帰った思い出の日である。この時雪の日という小説一篇編まばやと思いついたが、それが一年後作品となって具体化された。但し恐らく、この雪の日は一年前の腹案そのままではなく、現在の心境から結末などは相当に訂正されたものと思われる。

桃水、自著『胡砂吹く風』を持参

文学界同人平田禿木初めて来る

二月二十三日突然桃水が自著『胡砂《こさ》吹く風』を持って訪れた。これが二度目の訪問である。桃水は一葉の筆蹟を愛し、巻頭に彼女の歌を石版刷でのせたので、その礼旁々上下二巻を持参したのである。そしてこの夜一葉は『胡砂吹く風』を読みながら、その作品の文学性を疑いつつも、その作者の人となりにひかれて、「暁の鐘ひとり聞けり」と日記に書いている。

三月二十一日高等中学二年の平田喜一が突然一葉を訪ねた。文学界の同人禿木《とくぼく》であり、一葉より一歳下である。一葉の教養に相応《ふさわ》し

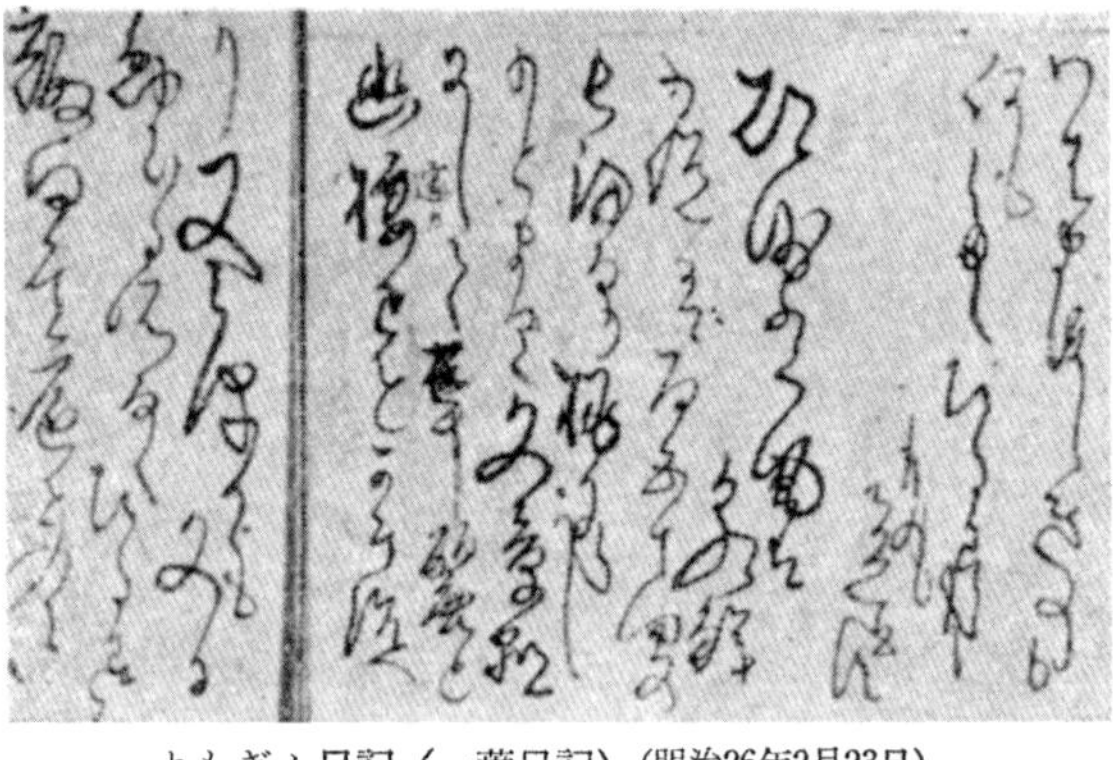

よもぎふ日記（一葉日記）（明治26年2月23日）

い古典の話をし、兼好・西行・芭蕉を論じ、現文壇では露伴・花圃などを話したが西欧文学に親しんだ青年の口からもれる古典論は訓詁《くんこ》注釈を勉強してきた一葉にとっては、全く新しい観方《みかた》であり、古典を通じて、現代の悩みを聞かされたような気がした。一葉の文学観にある展開がきざし始めたのはこの時からである。禿木が一葉を訪ねたのは、彼女が『文学界』に寄稿した縁によるのであるが、それより前に天知などと一緒に『うもれ木』に感心していたからである。

しかし、このように一葉は『都の花』『文学界』などに発表し出してはいたが、それは一時の雨露をしのぐよすがとなっても、生活の根拠にはなり得なかった。「いとのどかなる大晦日にて母君家を持ちし以来この暮ほど楽に心を持しことなしとていたく喜ばる」と昨年末書いたのも束の間、明けて一月も半ば過ぎるともう詰って、前述の『雪の日』の原稿を書き終ると、二十三日母がまたもや小林好愛の許《もと》へ金銭《かね》を借りに行っている。二月の末には三枝《さえぐさ》に返金が出来ない詫びを言い、三月の三十日になると金づまりが身にしみて、「今は何方《いずかた》より金かり出すべき道もなし」とかき、「母君は只せまりにせまりて我著作の速かならんことその給ふ」とばかり嘆じた。何時ものように質やの伊勢屋に走ったのは四月三日である。そして何か困る時母は彼女を活智《かっち》なしと罵《ののし》り、妹は優柔《ゆうじゅう》だと責める始末である。切っぱ詰った場合だから責任者の一葉の責められるのは無理はないが、一方から言えば母も妹も小説というものを全く知らなすぎたのである。こういう苦しい立場に置かれると、一葉は何時も桃水のことを切《せつ》なく思い出し、

　ふと打みじろげばかの薬の香のさとかをる心地して、おもひやるこゝろや常に行かふと、そゞろおそろしきまでおもひしみたる心なり、かの六条御息所《みやすどころ》のあさましさをおもふに、げに偽りともいはれざりける

と四月二十一日の日記に記している。薬の香とは、かつて桃水が痔《じ》に悩んだ時見舞に行った時の石炭酸《せきたんさん》の匂《におい》を指したのであろう。自分の心が抜け出て桃水のとこ

小説では生活なり難しと断ず

ろへ走る、その心を六条御息所にたとえているのもあわれである。時には桃水がまた俄に悩むと聞いて、見舞に行きたいと母に語るが、母が許さない。せめて手紙だけと言っても聞き入れない。自分の身上《しんじょう》を心配しての上での事だろうが、なぜ斯《か》くつらいことを言うのだろうと堪えがたく思うこともある。そう思いながらも桃水の病気を考えると矢も楯もたまらず、自分を六条御息所にたとえた日の翌日、小石川に稽古にゆく途中遂に母や妹に内証で桃水を訪ねていることが『しのぶ草』に出ている。知り合いに逢うまいと急ぎに急いで行く描写は後年《こうねん》『裏むらさき』で、夫にかくれて恋人に逢いにゆく律《りつ》の描写のよりどころとなったところである。

五月の月末「窮甚し」とあり、伊東夏子から八円を借りている。夏子からはどの程度まで借りたか判らないが、かなり迷惑をかけ通しであったことは、日記だけを通じても判る。そうして、六月に入るとすべて見るもの聞くこと暗澹《あんたん》たるものになった。二十一日には「著作まだならずして此月も一銭入金のめあてなし」

とあって、生活苦が身にしみると共に、寄る蔭の萩之舎は、師の歌子をはじめ同門の田中みの子の不品行、伊東夏子のキリスト教狂信、鳥尾広子の野心、しかもそれらを圧《おさ》えることができず、ただ門下をあしざまに言い做《な》す歌子、すべてが憂欝の種となった。星野天知から頼んできた『文学界』寄稿のことも、書く気がなくて、断りのはがきを出したのも六月十二日の頃であった。といって桃水へ今更相談をかけることも出来なくなっている彼女であった。これまでのことを邦子の『かきあつめ』は大略次の如く記している。

このこと中島の耳に入れければ、田辺君《ぎみ》の紹介にて、都の花えたのみたるなり。九月までにうもれ木出来て、同じ時経づくえを山梨の甲陽新報えも出せしなり。

この頃よりつむりのいたみを覚えて、日々に夜ふけなどはくるしむ。後、暁月夜を出す。

十二月半、女学雑誌社より文学界といふ雑誌発兌《はつだ》になれば、是非小説をたのみたしと、星野君よりの依頼なりとて、田辺君より文ありけり。

あくる廿六年一月雪の日を、三宅君まで之をおくりしなり。

三月半なりけん、文学界の人とて平田君といふ君はじめてとわれし、それより後つゞひて文学界え作を出すやうになりたるなり。

かくして、小説では食うことが出来ないことを知った一家は、六月二十九日相談の結果、新しい生活の方法を考えることになったのである。

第四　竜泉寺町時代

一　荒　物　屋

後さま〴〵のことありてひん苦日々にましまさる、別てつむりのいたみはげしくなれば心をかへて、他に道なければ(七月半)商ひといふことおもひたちて、七月家を下谷《したや》竜泉寺町え移す。所がら伊勢のはまおぎ、もとの名をよばれんよしもおもはざりけり、
右隣は酒屋、其左は車屋といふ、ながやずまひ困難といふこと何年間も忍びしものゝ、かくはなれど門ある家にそだちし身の町なみのつきあいもせねばならず、さま〴〵の感深し。いさゝかの商ひなりしが近所の子供あつまり来

て日々にいそがはし、其時かきしは文学界の、花ごもりのみ（そのころはつむりのなやみよくなりし故）。

売文から実業へ

六月二十九日の日記によれば、夏子の売文のことはかばかしからず、結局「実業」に就こうということがこの夜一家の相談できまったとある。七月分の日記の巻頭に、たぶん六月末に書かれたものであろうと推測できる左の有名な文章がある。

人つねの産なければ常のこゝろなし、手をふところにして月花にあくがれぬとも塩噌《えんそ》なくして天寿を終らるべきものならず、かつや文学は糊口《ここう》の為になすべき物ならず、おもひの馳《は》するまゝこゝろの趣くまゝにこそ筆は取《とら》め、いでや是れより糊口的文学の道をかへてうきよを十露盤《そろばん》の玉の汗に商ひといふ事はじめばや、（略）されども生れ出て二十年あまり、向ふ三軒両どなりのつき合いにならはず、湯屋に小桶の御あいさつも大方はしらず顔してすましける身の、お暑う、お寒う、負けひけのかけ引、問屋のかひ出し、かひ手の気うけおもへばむづかしき物也けり、ましてやもとでは絲しんのいと細くなるから、なんとならしばしゐの葉のこまつた事也、されどうき世はたなのだるま様、ねるもおきるも我が手にはあらず、造化の伯父様どうなとし給へとて、
　とにかくにこえるをみまし空《うつ》せみのよわたる様や夢のうきはし（「にっ記」）
その結果知人から十五円を調達して貰い、これまで持ちこたえていた外出着を十五円で売却した。

転宅費用と資本捻出

二重緞子《どんす》の丸帯・緋博多の片側帯・繻珍《しゅちん》繻子《しゅす》の片側帯・縮緬《ちりめん》の袷《あわせ》二枚・糸織一枚であり、商売に従事するとなれば萩之舎の歌会に出席する衣裳も不用と思ったからであろう。因《ちなみ》にこの新商売については、次兄の虎之助に何らの相談も前以てしていなかったらしい。すでに述べた如く、虎之助と滝子とは肌合が合わない。また分家させられていることとて虎之助自身も、一葉一家に対する責任は直接に負っているわけではないが、一葉もあまりこの兄を頼りにはしていなかったらし

い。七月十二日は故則義の命日なので、十日に虎之助にはがきを出し、十一日の逮夜《たいや》に来て貰った。そして転宅のことを打ち明けたのであるが、それについて虎之助が可否の返事はしないで、どうせ自分と意見の違う妹達がすることだから何をしようとかまわぬが、決して成功はすまい。ただ世間の苦労を知り、気でも折

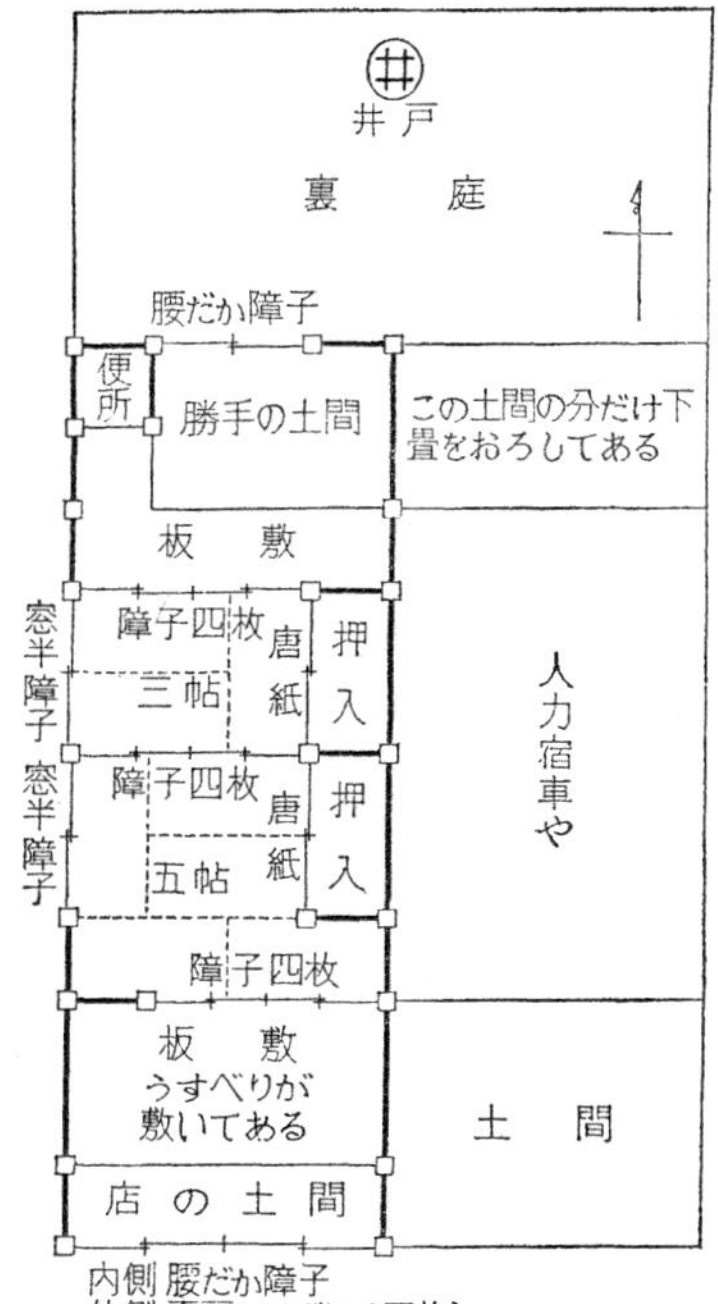

樋口一葉宅平面図　（二軒長屋のうち）

れ、本当に頭を下げて来るならば母も妹らも養ってやろう、と、言い方が冷やかだったと一葉は日記に書き付けている。

かくして七月十五日から貸家探しに出

竜泉寺町へ転居

て、十七日に竜泉寺町という処に間口二間、奥行六間ばかりで、店は六畳、座敷は五畳・三畳の二間《ふたま》で、敷金三円、家賃一円五十銭という家を見つけた。正確な地籍は下谷区竜泉寺町三六八番地、転宅したのが七月二十日である。揚屋《あげや》町の非常門から坂本へ通じる往来に面した家で、近所に大音寺という浄土宗の寺があったので、この辺まで通称大音寺

茶屋町通り家並略図

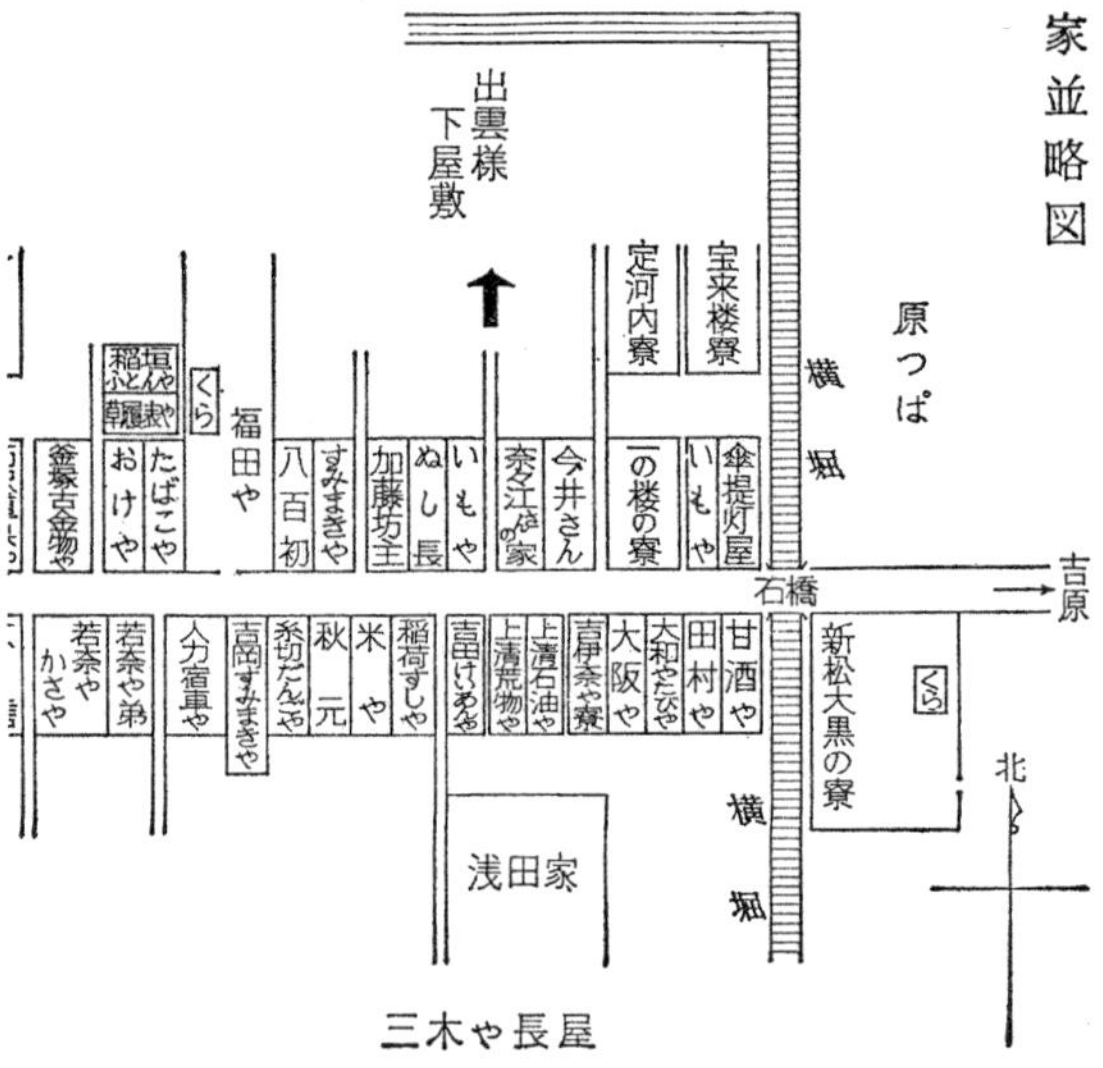

前と言われたが、この通りだけを特に茶屋町通りとも言われている。さてこの家の間取り及び茶屋町通りの家並《やなみ》については竜泉寺町在住の上島金太郎氏が作製した図面があるので、下に掲げる。
　この町の景況については引越した当日の日記に如何にも感慨深かげに記している。

転宅当時

廿日、薄曇り、家は十時といふに引
払ひぬ、此ほどのことすべて書
きつゞくべきにあらず、此家は
下谷《したや》よりよし原がよひの只一筋

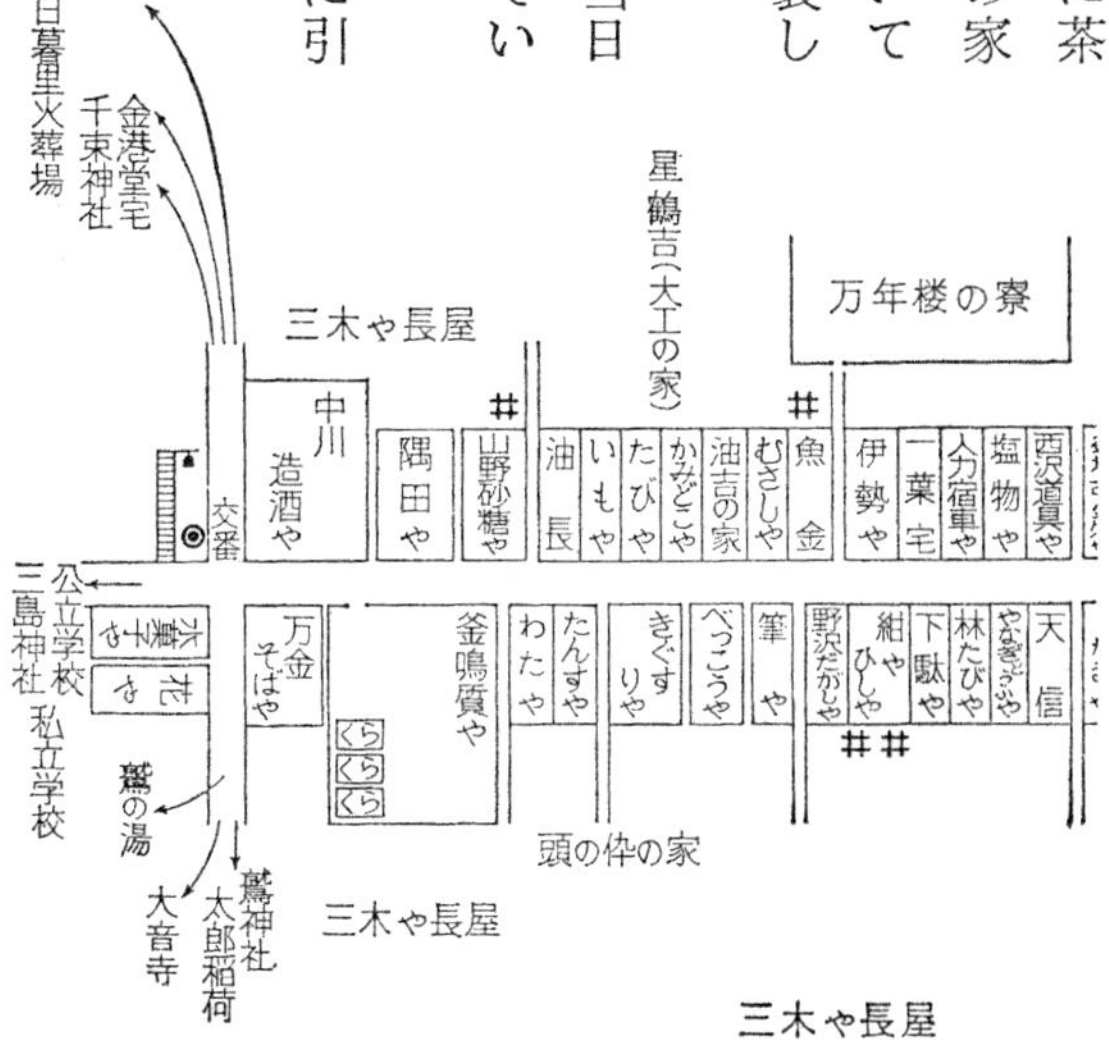

道にて、夕がたよりとゞろく車の音、飛ちがふ燈火の光りたとへんに詞なし、行く車は午前一時までも絶えず、かへる車は三時よりひゞきはじめぬ、もの深き本郷の静かなる宿より移りてこゝにはじめて寝ぬる夜の心地、まだ生れ出でゝ覚えなかりき、家は長屋だてなれば壁一重には人力ひくおとこども住むめり、商ひをはじめての後はいかならむ、其ものどもゝお客なれば気げんにさからはじとつとむるにこそ、くるわ近く人気あしき処と人々語りきかせたるが、男気なき家のいかにあなづられてくやしき事ども多からむ、何事もわれ一人はよし、母は老ひたり、邦子はいまだ世間をしらず、そがおもひわづらふ景色を見るも哀《あわれ》也、さてあきなひはいかにして始むべきなど千々《ちぢ》にこゝろのくだけぬ、蚊のいと多き処にて藪蚊といふ大きなるが夕暮よりうなり出るおそろしきまで也、この蚊なくならんほどは綿入きる時ぞとさる人のいひしが、冬までかくてあらんこと佗《わび》し、井戸はよき水なれども深し、何事もなれなばかく心ぼそくもあるべきならず、知る人も出来あきなひに得意《とくい》もふゆべし、そは憂《う》しとても程なき事也、唯かく落はふれ行ての末にうかぶ瀬なくして朽《くち》も終らば、つひのよに斯《か》の君に面《おもて》を合はする時もなく忘られて忘られはてゝ、我が恋は行雲のうはの空に消ゆべし、昨日まですみける家はかの人のあしをとゞめたる事もあり、まれにはまれ〳〵には何事ぞの序《ついで》に家居のさまなりとも思でゝ、我といふものありけ

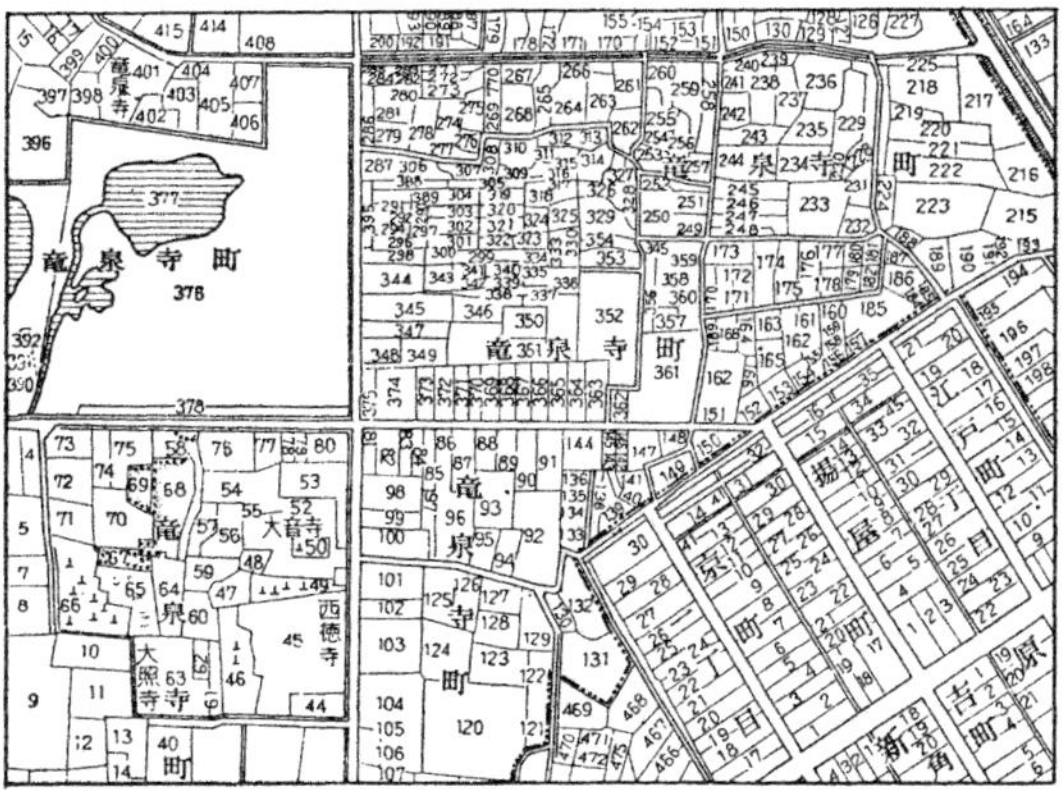

竜泉寺町周辺

りとだにしのばれなば生けるよの甲斐ならましを、行ゑもしれずかげを消してかくあやしき塵《ちり》の中にまじはりぬる後、よし何事のよすがありておもひ出られぬとも、夫《それ》は哀れふびんなどの情にはあらで、終《つい》に此よを清く送り難く、にごりににごりぬる浅ましの身とおもひ落され、更にかへりみらるべきにあらず、かくおもひにおもへばむねつとふさがりていとゞねぶりがたく、暁のくるはやう聞えぬ、此宵は大雷にて稲づま恐ろしく光る。

一葉はこれ以後の日記の表題を「ちりの中」或は「塵中日記」という名で記しているが、彼女としては全く塵の中に交わり、濁りに濁る我身と感じたわけで、従って萩之舎社中にも訪問を断り、この前日には中島歌子・伊東夏子らを訪うて転宅のことを告げ、以後十一月十五日まで足かけ五ヵ月というものは萩之舎を訪れていない。桃水をもこれより少し前訪れて、それとなく暇乞をしたらしいことが、月日不明の日記断片に記されている。竜泉寺に転居し荒物屋を開業したことは結果としては文学者樋口一葉に大きなプラスとなったが、商売自体は決して成功しなかった。しかしそのことに至るまで暫くの間は経緯だけを説明しておこう。

仕入帖から見た商品名

転宅後間もなく開店の準備にかかり、八月六日店開きをし、八日に菓子小売・同仕入の鑑札が下りた。樋口家にはその当時の仕入帖が残っているが、仕入先は中村屋忠七という荒物問屋及び滝子の旧主筋に当る本郷の菊地隆直が開いた「むさしや」という紙問屋、その他花川戸・駒形・千束《せんぞく》あたりの卸《おろし》問屋で、中村屋から仕入れたものは線香・のり・元結《もとゆい》・箒《ほうき》・はたき・附け木・箸・揚子《ようじ》・歯磨・艾《もぐさ》・藁草履・たわし・ささら・マッチ・丸芯《まるしん》・蚊遣《かやり》などであり、むさしやから仕入れたものは半紙・ちり紙・浅草紙・祝儀袋・状袋、その他からはしゃぼん・蠟燭、その仕入額は六ー七円程度で全くの小商売である。八月に入ると菓子・おもちゃを仕入れたが、その他は蚕豆《そらまめ》・南京豆・塩煎餅《せんべい》・めんこ・あて紙・絵紙・小鈴・犬張子・扇子・蠟筆などで、これらの一日の仕入高は多くて一円、平均五ー六十銭と

西村釧之助と樋口家

いうところである。南京豆・豌豆《えんどう》豆・めんこ・あて紙などの仕入が多いのは子供客が多かったからで、『たけくらべ』の中に出てくる小道具は、恐らくこれらのものが使用されたのであろう。当初店は中々忙しかったらしく、「此頃の売高多き時は六十銭にあまり少なしとても四十銭を下る事はまれ也、されど大方は五厘・六厘の客なるから、一日に百人の客をせざる事はなし、身の忙しさかくてしるべし」と書いているが、また一方八月から九月にかけて例の頭痛が絶えまなく襲って悩んでいたことが多かったらしい。なお、九月頃から西村釧之助《せんのすけ》の縁談について滝子に相談がかけられていたらしい。西村家と樋口家の関係を略記すれば、滝子があやめ時代旗本稲葉大膳方に勤めていた時、稲葉家中に森良之進なる者がいて、同家の腰元ふさと結婚した。これは、為之助・あやめの媒酌によったので、爾来樋口・森両家は親戚同様の交際をしていた。然るに維新後稲葉家は家達《いえさと》の駿河転封に伴い静岡県に従って行ったので、森夫婦は主家を離れ、一時樋口家に寄寓したことがある。その後一年半ばかりして明治四年十月、彼らは常陸《ひたち》の国東宮《みや》後村《ごむら》に帰農し、名主西村左中方に復籍して、西村信夫と名乗った。その長男が釧之助であり、幼名を仙之助と言った。その後釧之助が上京して下谷小永井小舟の豪西精舎《ごうせいしょうじゃ》入塾に際して則義が保証人になり、爾来両家は親密度を加え、釧之助は小石川表町に商賈《しょうこ》を開き、商売も相当に繁昌したようである。則義は曾《かつ》て森良之進を妻あやめの弟として届け出たことがある。従って則義死後も両家は親戚関係を結び、一葉は釧之助を従兄《いとこ》と思い、その母きく（前名ふさ）を叔母と思うような間柄になっていた。一葉母子は竜泉寺町に転宅するに当って、金子の工

西村釧之助

面五円を頼んだ時、釧之助が違約した。それに対して「かれほどの家に五円・十円の金なき筈はあらず、（中略）男の身のなさんとならばならぬべきかは、何ぞや釧之助風情《ふぜい》が前にかしらを下ぐるべきかは」などと一葉が怒っているのもこうした関係にあったからである。釧之助は邦子を嫁に欲しかったらしいが（邦子と九つ違い）、樋口家の方で渋っている間に釧之助は結婚してしまった（二六年一〇月）。しかし何かにつけ頼りにはなったらしい。一葉歿後邦子は転々としたが、最後にこの西村方にも出入し、その間に西村宅で手伝っていた吉江政次と結婚し、間もなく西村の礫川《れきせん》堂《どう》を引き受けて歿する迄《まで》相当に繁昌していた。

十月十八日釧之助の母きくが来宅して愈々縁談が決定した由を報告した。邦子を貰いたいという話であったが諦めたのであろう。しかし、西村と樋口とはこれで縁がきれたのではない。奇しくも一葉・滝子死後、前述の如く邦子が西村の表町宅へ住むようになるのである。

商売は不適当な一家

さて、このように女世帯が珍しくもあったせいもあるが、近所にあった同業二軒も競争に堪えかねて店を閉ざしたとある位流行《はや》った。しかしそれは全く一時的現象で、元来が商売人でない一家が商売に徹し切ることは出来なかった。直参《じきさん》夫人の意識がどこかに存している母滝子は近所の人から御隠居さんと言われないと御機嫌が悪かったという。一葉は一葉で二ヵ月位は物みな珍しかったが、日がたつにつれてやはり心の空虚が身に浸みたか、十月二日からまた図書館に通い出したと日記にある。十月二十五日に平田禿木《とくぼく》の訪問を受け、「七月以来はじめて文海の客にあふ、いとうれし」と書いてある。十一月十五日になると、足は自然に小石川の萩之舎に向って歌子に逢った。思い迫って涙ぐまれてとみに話も出なかったという。また禿木に逢った時『文学界』への寄稿を約束して書こうとしたが、店の雑用でなかなかはかどらず、「商用いとせはしくわづらはしさたゑ難し」とあるように、心は次第に現実生活から分離して来た。こういう性根《しょうね》だから商売に

商売の失敗と塵の中の生活への謙悪

身が入る筈はなく、仕入れの金や生活費のやりくりに又もや窮乏生活が初まった。母の滝子が故郷の山梨へ金を借りにゆき、空しく帰って来たのもこの頃である。転宅後最初の大晦日《おおみそか》はさすがに商《あきな》いが多く、二時頃まで起きていたと日記に書いてあるが、年が明けると向側に同業者が出来、次第に商いが暇になってきた。要するに一葉が竜泉寺町に行ってから、つき合い出したのは隣近所のしがない暮しの庶民達と一銭・二銭の利を争う仕入屋の商人達である。全く教養や生活環境を異にした物慾的な人間達と、ある意味での欺《だま》し合いの付合いをしなければならなかった。元来一葉には一種の人間絶望観があると共に、一方人生に対する挑戦的な反抗心があったが、この竜泉寺町に於ける生活は彼女の人生観を一層散文的な切羽《せつぱ》詰ったものにし、日々の糧《かて》を得ることのすさまじさを今迄以上に感じとった。曾ては貧乏の中にも彼女の心を軟らげる抒情的な世界があったが、今は全く人間の浅間しさだけを見せつけられている環境にあった。従って一葉が竜泉寺町の生活を塵の中と感ずれば感ずる程昔のことが慕わしく、昔の人がなつかしくなるのは当然であった。それに拍車《はくしや》を加えたのが商売の不振である。「いでや是れより糊口的文学の道をかへてうきよを十露盤《そろばん》の玉の汗に商ひといふ事はじめばや」と大いに気負《きお》った彼女のヒロイズムも今や元の木阿弥《もくあみ》となってしまった。そして再び文学に帰るべきか、又は厭々《いやいや》ながらもこの塵の中に埋《うず》もり果《はて》るかの迷路に突きあたった。二十七年一月から彼女が本郷に移る五月迄の数ヵ月間は全く一葉の危機とも言える時期であった。生活の苦悩と共に生への方向を見失おうとした魂の彷徨《ほうこう》時代とも言えるのである。

二　彷　徨

二十六年(一八九三)十月二十五日、平田禿木《とくぼく》が竜泉町に訪れて『文学界』の寄稿を頼んだのを皮切りにして、二十七年に入ってからは『文学界』の同人との交際は

星野天知来訪

次第に頻繁になった。一月十日に禿木から原稿依頼の手紙があり、十三日には星野天知が初めて来訪した。星野天知は『文学界』の事実上の主幹であり、雑誌経営のことは彼が扱っていたが、『うもれ木』以来一葉の才筆に感心し、かなり高く評価していたが、若い同人達があまり一葉宅に出入するので苦々《にがにが》しく感じたのか、この竜泉寺町を訪ねてから暫くすると、次第に一葉に近づかなくなったらしい。天知は一葉より十歳の年上、また明治女学校で長刀《なぎなた》を教えたほどの剣客でもあったため、男女間の交際に対して潔癖であり、一葉の年に似合わない世馴れ方に納得《なっとく》のいかないものを持っていたのである。

文学への懐郷心

『文学界』同人が訪れたということは一葉の文学に対する懐郷心を燃え上らせた。逆に商売の不振が一層彼女の現実観を悲痛なものにさせたのである。一月十六日にはかの渋谷三郎が新潟の新発田《しばた》裁判所の判事になった通知を得た。それを「塵の中」で眺める一葉の心境にたまらない焦躁《しょうそう》さがあったことは疑えない。二月に入ってから、廻礼かたがた、一葉は湯島の知人安達盛貞、姉の久保木、表町の西村、更に萩之舎の中島に赴き、歌子から再び歌に専念せよと勧められ、その時友人の三宅花圃が愈々師の許しを得て歌の門を開く由を聞いて心穏かでなかった。因《ちなみ》に家門を開くというのは、自らが門下を取って歌を教えることであるが、旧派に於いては形式的な儀礼があった。花圃の場合は、上野常盤花壇で当時の歌人達を招待し、その面前で、師の歌子によって今後歌を教えることを許可し、且つその披露をすることであり、勿論来客には相当の引出物《ひきでもの》をし、家元には礼金を出したことと思われる。この時花圃は歌子に一切くるめて二十五円を出したと、後年筆者に物語った。二月二日の日記を見ると、この廻礼の記事があるが、つぎはぎの小袖を羽織に隠して、借金する相手をあれこれと物色しながら、年始の廻礼をしている哀れな一葉が出て来る。二月十八・十九日で『花ごもり』四回分二十枚ばかりを書き、それを清書して『文学界』に送り、この原稿料五円ばかりを二十六日に天知が持参してくれている。竜泉寺町で書いた原稿というのは、前年十一月二十五日に送った『琴の音』八枚（この時の稿料一円五十銭）とこの『花ごもり』だけである。一葉は別に『都の花』で知り合いになった編輯者藤本藤陰も訪れたが根岸に転居したというので、二十三日になって改めて根岸宅を訪問したらしい。勿論目的は原稿執筆の件にあったろうが、『都の花』は既に前年廃刊していたので、藤陰にもこれという心当りもなかったのであろう。従って一葉はあまり長居することもなく、ここを辞して、本郷真砂町に住む久佐賀《くさか》義孝《よしたか》なる人物を訪問した。勿論一葉にとって一面識もない男である。この間の消息について、当日の日記を見ると、次の如くである。

久佐賀はまさご丁に居して天啓顕真術をもて世に高名なる人なり、うきよに捨ものゝ一身を何処《いずこ》の流にか投げこむべき、学あり力あり金力ある人によりておもしろくをかしくさわやかにいさましく世のあら波をこぎ渡らんとて、もとより見も知らざる人のちかづきにとて引合せする人もなければ、我れよりこれを訪はんとて也。（日記『ちりの中』）

久佐賀は本名満吉、相場師等が出入していたらしい。右二十三日のことを詳しく書いたのが日記『ちりの中』の一部分である。勿論この描写は必ずしも全部が事実だとは考えられない。如何にすれいたとしても、一葉がこれ程雄弁に初対面の年上の男と談論するとは考えられない。半分は自らを物語の主人公とし、自問自答を己れと久佐賀とに振り分けて書いたものではあろう。文章自体を見るとスタイル・筆法・作者の処世観に格段の相異はあるが、かの過ぐる二十五年四月十五日、半井桃水を訪ねた日記の記録と同じ人生への新しい期待と冒険心とが漂っていることに注目される。室内の描写、久佐賀の描写はかの桃水の場合に於ける抒情と詠嘆とは影をひそめて、遙かに客観的、写実的、批判的であり、僅か三年の星霜《せいそう》の差ではあるが、苦労に鍛えられ策略的で、相手の出方によっては返事を右にも左にも出来る心の余裕と、自分の意志を誇張して相手を説伏しようとする大

久佐賀義孝

胆さが生じている。少し長いがその一部を左に挙げてみる。

敷つめたる織物の流石《さすが》に見にくからず、十畳斗《ばかり》なる処に書棚、ちがひ棚、黒棚《くろだな》など何処の富家《ふか》よりおくられけん見るめまばゆし、額二つありしが一つは静心館とやありし、今一つは何成けん、床は二幅対《にふくつい》の絹地の画也、床を背にして大きやかなる机をひかえ、火鉢の灰かきならし居るは其人ならん、年は四十斗りにや、小男にして音声静かにひくし、机の前に大きなる火桶ありてそが前にしとね敷たる、それにせよとてしきりにすゝむ、我も彼れもしばしは無言成しが、いでや御はなし承らん、何等の事故おはしますにやとかれより問ひ出づ、（中略）我れはまことに窮鳥の飛入るべきふところなくして宇宙の間にさまよふ身に侍る、あはれ広き御むねのうちにやどるべきとまり木もや、まづ我がことを聞きたまふべきやといへば、よしおもしろし、いで聞かんと身をすゝます、我身父をうしなひてことし六年うきよのあら波にたゞよひて昨日は東今日はにし、あるは雲上の月花にまじはり、或は地下《ちげ》の塵芥《じんかい》にまじはり、老たる母、世のことしらぬいもとを抱きて、先《まず》こそまでは女子らしき世をへにき、聞たまへ、先生、うきよの人に情はなかりけるものを、わがこゝろよりつくり出《いで》てたのもしき人とたのみ、にごれるよをも清《す》める物とおもひて、我れにあざむかれてこゝに誠を尽しにき、一朝まなこの覚めぬるは、我が宇宙にさまよふのはじめにして、人しらぬくるしみ此時より身にまつわりぬ、あえなく、はかなく、浅ましき物とおもひ捨てゝ、今は下谷の片ほとりにあきなひといふもふさはしかるまじき、いさゝか成る小店を出して、こゝを一身のとまりと定むれど、なぞやうきよのくるしみのかくて免るべきに非らず、老たる母に朝四暮三《ちようしぼさん》のはかなきものさへすゝめ難くて、我がはらからの侘《わ》び合へるはこれのみ、すでに浮世の望みは絶えぬ此身ありて何にかはせん、いとをしとをしむは親の為のみ、さらば一身をいけにゑにして運を一時のあやふきにかけ相場《そうば》といふこと為《な》して見ばや、されども貧者一銭の余裕なくして我が力にて我がことを為すに難く、おもひつきたるは先生のもと也、窮鳥ふところに入たる時はかり人《うど》もとらずとかや、天地のことはりをあきらめて広く慈善の心をもて万人の痛苦をいやし給はんの御本願に思《おぼ》し当ることあらば教へ給へ、いかにや先生、物ぐるはしきこゝろのもと末御むねの内に入たりやいかに、と問へば、久佐賀はしば〳〵我おもて打ながめて打なげくけしきに見えしが、年はいくつぞ生れはと問ふ、申歳《さるどし》生れの二十三にて三月二十五日出生といへば、さても上々の生れかな、君がすぐれたる処をあげたらば才あり智あり物に巧《たくみ》あり、悟道の方にもゑにしあり、をしむ処は望みの大にすぎてやぶるゝかたち見ゆ、福祿十分なれども金銭の福ならで天禀《てんびん》うけ得たる一種の福なれば、これに寄りて事はなすべきにこそ、商ひと聞だに君には不用なるを、ましてや売買相場のかちまけをあらそふが如きはさえぎつて止め申べし、あらゆる望みを胸中よりさりて、終生の願ひを安心立命《りつめい》にかけたるぞよき、こは君が天よりうけたる天然の質なればといふ、をかしやな、安心立命は今もなしたり、望みの大に過ぎてやぶるゝとは何をかさし給ふらん、（中略）つひに破るべき一生を、月に成てかけ、花に成て散らばやの願ひ、破れを願ふほかにやぶれはあるまじやは、要する処は好死《よき》処の得まほしきぞかし、先生久佐賀様、此の好死処ををしへ給らずや、世に処す道のさま〴〵もうるさし、おもしろく、花やかに、さわやかの事業あらばをしゑ給へと、やう〳〵打笑《え》みて語り出れば、其処也、そこ也、と久佐賀もあまたたび手をうつ、されども円満を願ふはうきよのならひにして、円満をつかさどるは我がつとめなり、破れの事は俄かに語るべからず、そも君は何を以て唯一のたのしみと覚《おぼ》すぞや、それ承《うけたまわら》んとある、錦衣九重《ここのえ》何かたのしからん、自然の誠にむかひて物いはぬ月花とかたる時こそ、うきよの何事も忘れはてゝ造化のふところにおどり入ぬる様には覚ゆれ、此景色にむかひたる時こそとこたふ、あはれ自然の景を人間にうつして御覧ぜよ、はじめて我が性の偶然ならざるを知り給ふべし、（中略）盛なる時は我があづかりしる処ならず、我れは精神の病院に成て、痛苦の慰問者に成て、人世のくずやになりて、ぼろ、白紙、手ならひ草紙、あれをもこれをもかいあつめ、撰分《えりわけ》て其むきの働きを為《な》させんとす、ぼろとすてたりける小袖のちぎれも道に寄てすきかへさば、今日有用の新紙と成て、おほけなき御前に出る折もあり、（中略）のたまふ処は我が賛成する処にして、君が性は我が愛し度本願にかなへり、月花を愛し給ふ心の誠をもとゝしたらば、其ほかの出来ごとは瑣事《さじ》ならずや、（中略）と、かたり来る久佐賀もいよ〳〵こと多く成て、会員のもの語、鑑定者のさま〴〵、談じ来り談じさり、語々風《ふう》を生ず、我れも人も一見旧識の如し、ものがたり四時《よじ》にわたる、（日記『ちりの中』）

勿論見ず知らずの相手だから一応大胆になれたとも言えようが、一葉が『徒然草』的思想をこのように滔《とう》々と述べたとは考えられないが、とにかく女という自分を忘れて、身を捨ててこそ浮ぶ瀬もあれ、といった気持で久佐賀に打当っていった激しさは否むべくもない。なぜ彼女が久佐賀に逢おうとしたかは、日記の文を信ずるより外はないが、自ら打ち込んで行った商売に手詰り、右せんか左せんかの迷いを何らかの形で晴らそうとしたに違いない。なお彼女が易断《えきだん》に興味を持っていたことは、このあとでも小石川表町の尾島碩聞《せきぶん》なる家相家《かそうか》へ手紙をやっていることでも判る。

久佐賀との最初の会見は不得要領《ふとくようりよう》に終ったが、その後一葉は久佐賀に礼状を出し、迷いの岐路《きろ》にある自分が外《ほか》に相談相手もないままに先生に訴えたこと、またその日の事にもことを欠く貧者だから人並《ひとなみ》の御礼も出来ないという意味を伝えている。久佐賀を訪ねた二、三日後禿木《とくぼく》がやって来て、田辺竜子・鳥尾広子が並んで家門を開いたということを教えた。「万感胸にせまりて今宵《こよい》はねぶること難し」と日記に書きつけている。商売に没頭しているならば旧友の歌壇的な出世に対して喜ばないまでも対岸の火事視することが出来るだろうが、この時の一葉の感じ方は一種の寂寥感《せきりようかん》と嫉妬《しっと》とが交っている。早速同門の田中みの子を訪問して、竜子や広子を罵《ののし》り、師の歌子までけなしているところを見ると、やはり一葉には文学を捨て切れないものがあって、それが商売の不振から来る焦躁感《しょうそうかん》につれて一種の忿懣《ふんまん》となったのであろう。こうした焦躁の間に久佐賀から亀戸《かめいど》の臥竜梅へ誘いの手紙が来たが、それに対して婉曲《えんきょく》な断り状を書き、しかし、三月十三日に再び久佐賀を訪ね、その直後、手紙で自分の歌道修業を助けるために物質的援助を頼みたいということを書いた。あることを相手に言おうとして訪ねて行き、その場では言い得ず、その直後に手紙で頼むということは、一葉が桃水の場合にも見られた常《じょう》套《とう》手段である。これは言いそびれて言わなかったか或はわざと黙《だま》って帰り、その後で手紙を出すことが癖《くせ》であったかどうかは判らないが、やはり前者に考える方が自然であろう。

久佐賀との交際

久佐賀が一葉の手紙に対してどう答えたかは不明だが、とにかく一葉の真意が判ると、久佐賀の方ではそれを条件にいろいろ誘惑の手をのべ出したのは事実である。

久佐賀交換条件を出す

これは福山町移転後になるが、久佐賀がはっきりと交換条件を示したのは六月九日付の手紙であって、内容は、最初は一葉の来訪を謝し、歌道のために生活に苦しむことに同情し、それは貴姉《きし》を愛する小生も傍観出来ないから貴姉が目的を達するまで生活の保証をする。しかし、それには貴女の御決心が必要であって、「貴女の身上《しんじょう》を小生が引受くるからには、貴女の身体《しんたい》は小生に御任せ被レ下《くださる》積りなるや否や」という露骨な文面である。

この手紙に対して一葉は日記でこれを厭《いと》うべき文とも言い、「あはれ笑ふにたえたるしれものかな」とまで罵《ののし》っているが、それにも拘らず、やはり返事を出している。自分を女と見て怪しい筋合いにからませるならば、もうこの話は打ち切りだと言いながら、久佐賀を頭から否定しないで、懇願めかしい手紙を出していると見えて、久佐賀からも同様な意味を再三書き寄こしている。（拙著『樋口一葉研究』五〇六―五〇九ページ参照）

次の二十七年十二月七日附の書簡など

久佐賀義孝の一葉宛恋文

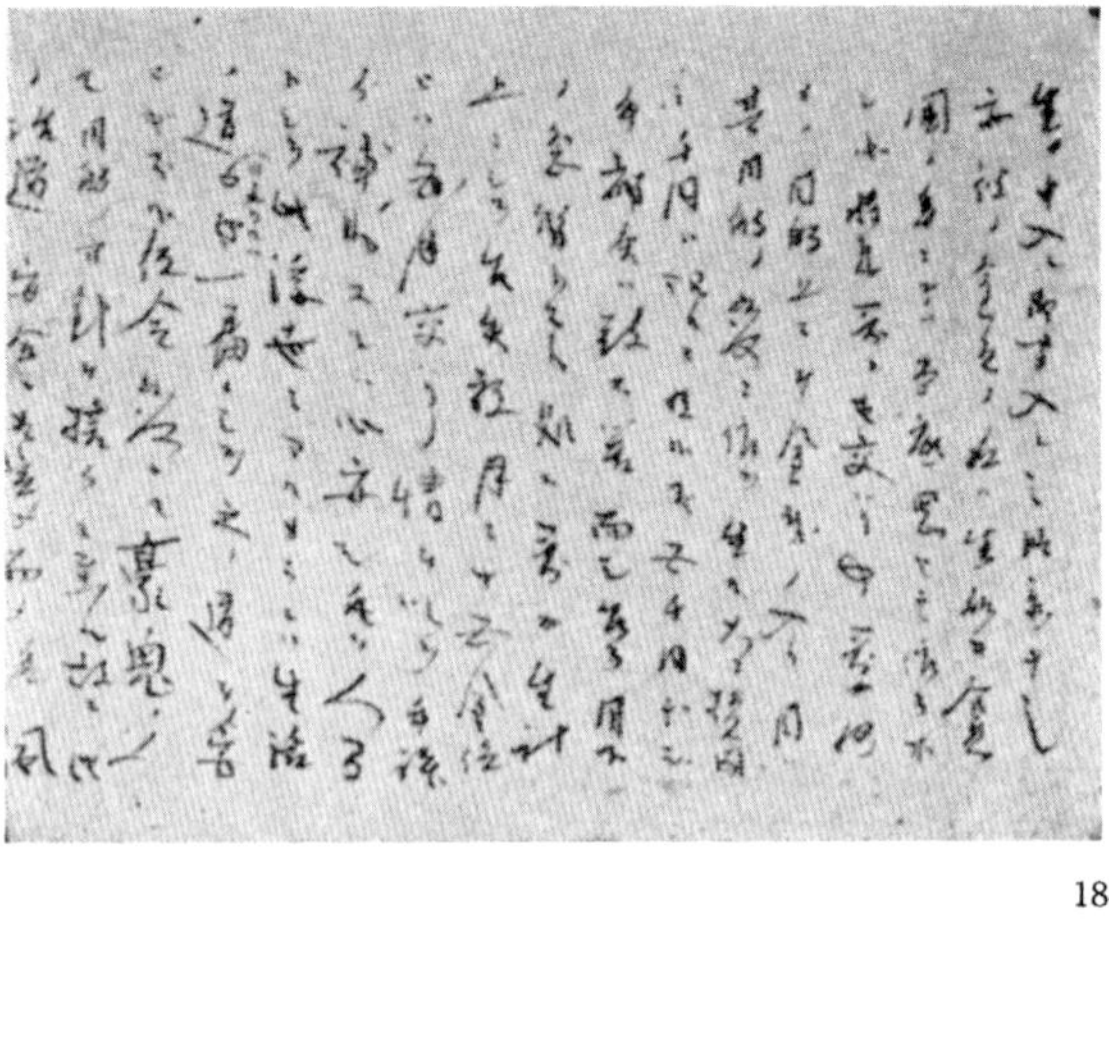

もその一例だが、一葉の方でも黙っては引き込めないと見えて、久佐賀の誘惑に乗ったような乗らないような返事で、肉体関係とは別問題に千円という法外な借金を申し込んでいたらしい。因みに、下段の写真は、左の文面の後半に当る部分である。

生ノ申入レ御聞入レ之段忝《かたじけ》ナシ、亦彼《か》ノ金員ノ如ハ生如キ貧困ノ身ニテハ当底思ヒモ依ラザレドモ、将来君ト相交ハリ中、君ガ何カノ目的上ニテ金銭ノ入リ目ハ其目的ノ如何ニ依テ生モ大ニ賛成シ、千円ト限ルニ及バズ五千円デモ手都合ハ

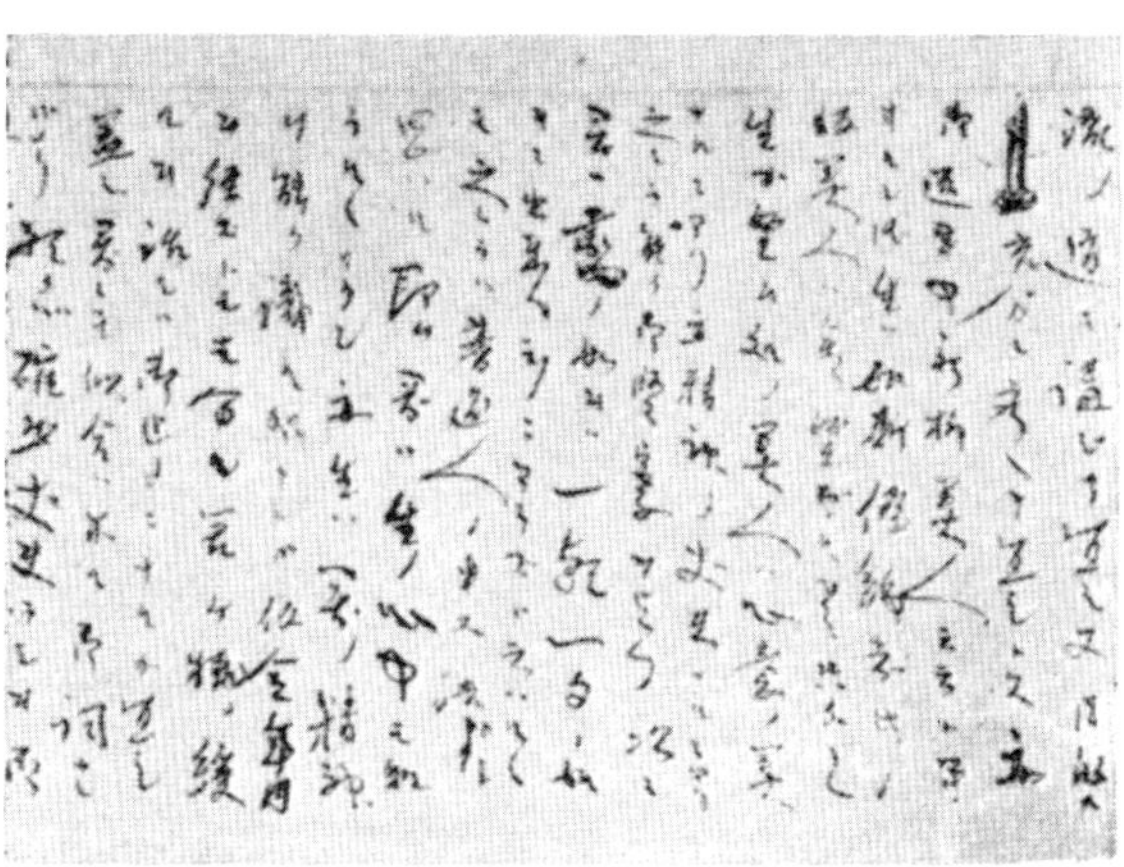

致ス筈、而《しか》シ乍ラ目下ノ急務トスル処ハ君ガ生計上ニシテ、乍失敬月ニ十五金位ヒハ毎月交ハリノ情ヲ以テ手許より補助スルハ心安シ、凡ソ人間トシテ此浮世ニアルカラニハ生活ノ道ヲ立ツルハ一番ニシテ、之ノ道ヲ安ンゼズバ仮令《たとい》如何ナル豪鬼《ごうき》ノ人モ目的ノ方針ヲ撓《くじ》クニ至ル、故ニ此活道《かつどう》ハ安全ニ相定メ、而シテ後風流ノ道モ講ジテ宜シ、又目的ハ充分ニ考ヘテ宜シトス、亦御返事中新柳《しんりゅう》美人云云《うんぬん》ト申サルレドモ、生ハ如斯偽飾者《かくのごときぎしょくしゃ》、此ノ仮美人ハ余リ望ザルベシ、只ダ〱生ガ望

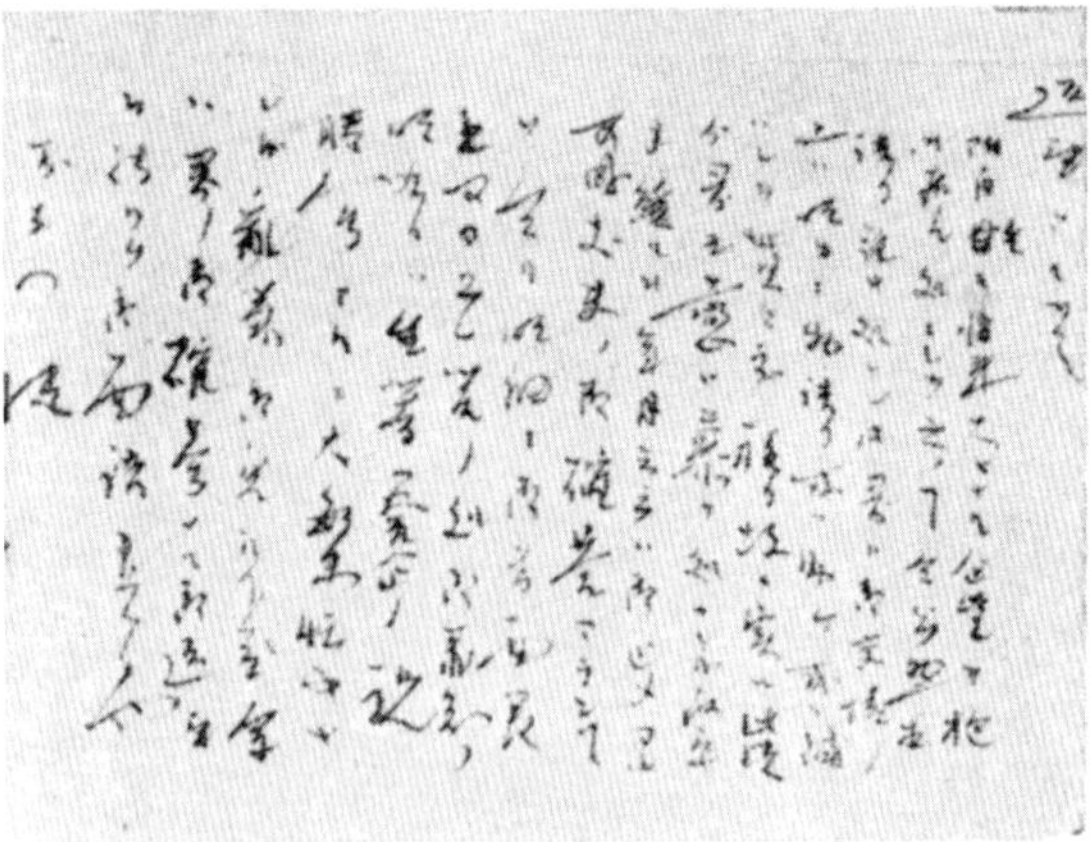

ム処ノ美人ハ心意ノ美ナルニアリ、亦精神ノ丈夫ナルニアリ、之レヲ能ク御賢察ヲ乞フ、次ニ君ハ恋ノ如キハ一朝一夕ノ如キニ出来ルモノニアラズト云ハル丶モ、之レラハ普通人ノ申ス語カト思ハル、即チ君ハ生ノ心中モ知ラル丶ナラン、亦生ハ君ノ精神ヲ能ク識ル処ナレバ、仮令年月ヲ経ズトモ相分ル筈、カ様《よう》ノ緩《ぬ》ルキ話シハ御止メニナルガ宜シ、蓋シ君ニモ似合ハザル御詞ナレバナリ、願クバ確然丈夫ラシキ御返事アルベシ、

附白、生モ将来大ヒナル企《き》望《ぼう》ヲ抱キ居ル処ニシテ、之ノ事、今公然相語リ難キ処ナレドモ、君ト御交情ノ上ハ明カニ物語リ、或ハ助ケ或ハ補ハレテ貰ヒ度積リ故ニ、実ハ此頃ヨリ君ヲ恋ヒ慕フ処ナレバ、何卒手緩ルキ年月云云ハ御止メアレ、可成丈夫ノ御確答アラン事ヲ、今日明細ニ御書面差上可申上候筈ノ処、御承知ノ明九日ハ生等発企ノ祝勝会アルニ大繁忙中ナレバ、乱筆御免被下度、余ハ君ノ御確答ナル御返事ヲ待チテ御面談申上候也、

この手紙を見ると、内容の露骨なのは元よりとして、文章の拙劣、誤字の多さ、それに挿入の写真版でも判るように、筆蹟の粗野《そや》にして風格のないこと、これが天啓顕真術と看板を掲げ、世に評判をとっている男の手紙かと思われるほどのもので、どうしてこのような無教養を思わせる人物に縋《すが》ろうとしたか疑問に思えるほどである。

久佐賀との交際は日記に関する限り二十八年十二月、彼が真砂町から湯島三組《みくみ》町に移った移転通知状が来るまでで、事実上の交際は五月一日に久佐賀の手紙を受け取ったところで終っているのではないかと思われる。要するに、一葉は彼を訪ねてから約一年あまり、その間妾になれと言う露骨な申出を怒りながらも手紙では相手を怒らせない程度の媚態《びたい》を示し、どうにかして彼から金銭《かね》を引き出そうという事を考えていたらしい。いわば女がからだを張った危険な交際で、もし作家としての一葉を計算に入れないで、久佐賀の文面だけを見ていると、稚拙《ちせつ》・醜態《しゆうたい》ではあるが、むしろ彼の方が段々一葉にひかれて行って、狼の本性をさらけ出さざるを得ないほどになったというのは、恰《あたか》も四十男が二十三-四の娘に振り廻されているような感じである。そういう久佐賀の好色を一葉が免《ゆる》しながら接近していたというところに生活に詰った彼女の大胆さがあるのだが、とにかく二十八年四月二十日の日記によれば、久佐賀は一葉の自宅まで訪問する程の親しさになっていることが判る。

小石川けいこ也、早朝大橋君来訪、日没近く家にかへれば久佐賀来訪、西村もありけり、久佐賀ぬしと共に夜ふくるまでかたる、金六十円かり度よし頼む、

この辺に来ると、一葉と久佐賀との関係は奇々《きき》怪々《かいかい》を極めている。あれほどからだと交換を主張していた彼が、六十円という大金を簡単に貸すはずはないが、右日記の文面によれば、如何にも簡単に書かれている。久佐賀に関する記録は日

記にあまり出て来ないが、おそらくその部分を書かなかったか、或いは後に一葉が抹殺《まっさつ》してしまったか、その間のことは一切不明である。果して右六十円は久佐賀から借りたかどうかは判らないが、五月一日久佐賀から受け取った手紙によれば、「御依頼之金件は今度丈けは脇方に御繰り替へ被ㇾ下度」とあるのを見ると、この「今度丈けは」の「今度」はこの次には貸すから、今度だけは免《ゆる》してくれという意味ではなく、今までは都合したが、今度だけは、の意味にとるのが普通であろう、とすれば一葉は一度は彼から金を借りているに違いない。勿論久佐賀の交換条件は果されたとは思われない。日記のどの部分を見てもこれ以後一葉の心に何等久佐賀に関するしこりなどは見えないからである。とすれば一葉なる女性は案外したたか者で、久佐賀の方が却って好人物であったかも判らない。因《ちなみ》に久佐賀は三十二年版以降の『日本紳士録』に載るほど社会的知名人だったから、一葉とつき合っているうちに案外さばさばした気持になり、喜捨《きしゃ》するつもりで知名料として若干の金銭《かね》を献上したのかも知れない。

以上一葉と久佐賀の関係は福山町移転後に発展したわけであるが、この契機を作ったものは竜泉寺町末期の生活的不調と、精神的不安によって齎《もたら》されたものであった。

樋口幸作

幸作の死

再び竜泉寺町最後の生活を記しておこう。二十七年三月九日、甲斐の大藤村から則義の弟喜作の娘樋口くらが上京した。兄幸作の病気治療のために同郷の丸茂文良が丸茂病院（桜木病院）を経営していたので、その相談に来たついでに寄ったわけである。四月になって幸作兄妹は再び上京し、幸作は桜木病院に入院し、くらが附き添うことになった。幸作は七月一日に死んだが、その死因については既に五五ページに述べておいたが、死歿当時の痛ましさについて一葉は深く感ずるところがあったらしい。要するに一葉としては右を向いても左を向いても面白くないことだらけで、それらが生活の困窮と結びついて、現状に堪え切れなくなった。

閉店再び転居

二十七年二・三・四月の日記には、殆んど商売のことに触れていない。書かれていることは内輪《うちわ》の愚痴《ぐち》である。

国子はものにたえしのぶの気象とぼし、この分厘いたくあきたる比《ころ》とて、前後の慮《おもんぱかり》なくやめにせばやとひたすらすゝむ、母君もかく塵の中にうごめき居らんよりは、小さしといへども門構《もんがま》への家に入り、やはらかき衣類にてもかさねまほしきが願ひなり、さればわがもとのこゝろはしるやしらずや、両人ともにすゝむる事せつ也、されども年比《としごろ》うり尽しかり尽しぬる後の事とて、此みせをとぢぬるのち、何方《いずかた》より一銭の入金もあるまじきをおもへば、ここに思慮をめぐらさゞるべからず、（『塵中につ記』）

厭《いや》となったら一刻も堪えられない性分で、父存生中懇意だった石川銀次郎から十五円、西村釧《せんの》之助《すけ》の仲介で五十円を都合して貰って、愈々引払うことに定《き》めたのが四月末日である。直接の誘因となったのは萩之舎に通い出してから歌子から月二円ほどの報酬を出すから歌を手伝えということにあったが、それは生活の足しにはならないまでも、次の生活の心の拠り処になったことは事実である。大音寺住職夫人の話によれば、樋口一家はここを引き揚げる時に、近所の者には根岸に転宅すると吹聴《ふいちょう》したという。根岸とは当時まだ文人墨客《ぼっきゃく》の閑雅《かんが》な家があった高級住宅地街である。そんなところにも門構えの家に住みたいという母滝子の見栄坊が現われている。

五月一日小雨《こさめ》の中を転宅した。手伝は知人の伊三郎、荷車の後押しを近所の二人の少年がしたということを、その一人が現存していて語ったが、真偽のほどは判らない。

三　竜泉寺町と一葉

茶屋町通りの印象

一葉が十ヵ月住んだ茶屋町通りは名こそ洒落《しゃれ》ているが、実際は二間幅の狭いぬかるみ道で、東は吉原揚屋町《あげやまち》の非常門に突き当り、西は金杉を経て、坂本通りにつづいた。現在この道と南北に交わる大通りが電車道となっており、北は三輪《みのわ》、南は千束《せんぞく》に走り、この大通りから揚屋町までが茶屋町通りである。そしてこの狭い通りを挾んで両側に多くの平家建が密集した、大体間口《まぐち》二間、中には三間もあり、二階屋もあるが、多くは平家で板葺・瓦葺交々《こもごも》の小家で雑然たるものであった。しかも上野坂本方面から吉原に出入する客はこの通りを鉄輪《かなわ》の人力車で往来したので、雨の日はひどいぬかるみで、天気の日は鉄輪の響きと共に埃《ほこり》もひどかった。また店の前の溝なども雨の日は氾濫《はんらん》し、不断も掃除が行き届かないために蚊の培養所となった。この茶屋町通りの北西に三河島の火葬場があり、冬近くなると北風が吹くために火葬の煙がこの辺まで臭《にお》って来たそうであり（上島金太郎「大音寺前考証」『国文学』昭三二年九月―三三年一二月―参照）、この町通りに住むものは、千束からこの通りの西端を通って北行する焼場通いの人がそこで一休みするのを見かけたというから、一葉ならずとも絶えず諸行無常観《しょぎょうむじょうかん》を知らされていたわけである。東を見れば華やかな吉原の燈火、西を見れば火葬場帰りの人、遠く望めば日暮里の方向に棚びくという両極端を居ながらにして眺められる町であった。当時の住人たちは『たけくらべ』にあるようなしがない暮しの人が大部分で、勿論その日暮しに追われていたから、そうした明暗の対照に人生を悟ると言ったような人間は少なかったかも知れないが、一葉にしてみれば何かにつけ、人生の感慨をこの町の風情から汲みとったものであろう。

一葉の客観的観察眼

一年たらずの生活は最初一葉が張り切ったようなことにはならなかった。要するに士族の商法であり、商売が成功するとは考えられなかった。虎之助の予言した通りであった。しかし本郷のあまり近所づき合いもないちんまりとした生活と違って、一葉はここで最もむき出しな人間的性情と相対した。いわゆる下層階級の人々を相手にして、問屋の仕入、商売の懸け引き、長屋のつき合、それは彼女の夢にも考えなかった新らしい人生である。言い替れば、竜泉寺に於いては曾ての詠嘆やロマンティシズムを持っていては生活が成り立たなかった。しかしそれだけに彼女も現実を見透《みとお》す力は深まり、物を客観的に見る態度が鍛えられて行った。荒物屋商売は失敗したけれ共、その失敗の後に残ったものは作家としての一葉の、現実を客観視する観察態度であった。このことが明らかに判るのは菊坂時代後期から竜泉寺時代にかけての日記文章のスタイルの変化である。曾ての「平安物語」的雅文調は次第に影をひそめて、『塵中日記』に至ると文章も強くなり、稀には粗雑な用語も含まれて来る。桃水に指導された俗文調の影響も勿論あり、『伊勢』『源氏』から『枕』『徒然』、浮世草子・読本《よみほん》と読書の対象が変化して来たということも考えられるが、何よりも彼女の文章から枕詞や縁語その他美辞的な形容詞を取除かせ、簡潔に文章を引緊《し》めさせたものは彼女の生活体験が余計な修辞を苅り取らせたからである。

茶屋町通り在住中には作品は二つしか書かず、それも在来の延長線のものではあったが、やがて福山町に移り、作家活動を開始するに至って一葉は初めて題材を自らの目で見、耳で聞いたものの上に取った。森鷗外が批評した如く、文学にいわゆる地方色を濃く出し得た所以《ゆえん》のものは、一葉が観察した竜泉寺町の風俗・人情を如実に描写し得たからである。美登利・信如・正太郎・長吉・三五郎に、もとより彼女なりの創造はあったにせよ、よりどころを実在の少年・少女から求めたということが彼らの世界を活き活きとさせたということである。

このように考えると、竜泉寺町の生活は失敗し、苦悩に充ち迷路に立ちさまよい、人間的には目的を失った彷徨《ほうこう》をしたが、作家として見た場合には、結果から見れば大きな収穫があった。『たけくらべ』を持たない樋口一葉の価値は半減以下になるだろう。もし一葉が文学に絶望し、生活のたづきを求めるためにこの茶屋町通りに住まなかったならば、一葉は或いは無名女流作家で終ったかも知れない。作家的に言えば、竜泉寺町時代は胎生期《たいせいき》と言ってよかろう。荒物屋の失敗は文学史家から見れば、大きな意義を持つのである。

第五　福山町時代

一　文学界同人

廿七年の春絶てとわざりし中島の師を、中島より色々のことをたのまれて四月のはじめより又々稽古にゆく。道は遠し且つ出来ごと多く、為に店をとぢる。家を五月本郷丸山に移す。これより稽古并に他日にも必ず手伝ひ行。小石川の社中はたえてゆかざりしなれぱか、人々あやしみしも有けり。秋なりけん、軒もる月を戸川残花え送る。そのとしやみ夜は出来たるなり。（『かきあつめ』）

一葉は二十七年四月二十六日に母の意見で、絶えて訪うことのなかった半井《なからい》桃

萩之舎の代稽古

水を訪ねている。再び文筆生活に帰る決心がついたからであろう。しかし、何事も打ち出すことが出来ずに御無沙汰の詫びぐらいで帰ったらしい。恐らく今後の方針や金策のことについても相談したかったのであろうが、日記によれば桃水が病気にやつれ、青み痩《や》せてこちらから言い出しそびれたらしい。その翌日には中島歌子から萩之舎の号をそのまま譲って、死んだ後のことを頼みたいと言われて愈々覚悟も定《き》まった。それに一《ひと》月二円程の手伝い料を出すから歌の稽古を手伝うようにということであったので、直接生活の資《しろ》としては問題にならないほど少額であるが、彼女にしてみればとにかく歌道と小説道にまっしぐらに進みたい一心だったので、この程度の代稽古料も再出発には心強さを与えた。

福山町転居前後

福山町転宅のことは早急に定《き》まったらしく、四月二十八日の日記の後《あと》に釧之助《せんのすけ》から五十円借り、利子は二十円につき二十五銭で清水たけなる婦人が貸し主だという。それに亡父の知人石川銀次郎(遠銀)から十五円だけ届いたので、転居の手

筈が出来たと書いてある。家は丸山福山町の田圃《たんぼ》を埋めた新開地で銘酒屋《めいしゆや》が並んでいた。これも一種の花街《かがい》である。日記によれば、

家は本郷の丸山福山町とて、阿部邸の山にそひてさゝやかなる池の上にたてたるが有けり、守喜《もりき》といひしうなぎやのはなれ坐敷成しとてさのみふるくもあらず、家賃は月三円也、たかけれどもこゝとさだむ、

店をうりて引移るほどのくだ〳〵敷、おもひ出すもわづらはしく心うき事多ければ得かゝぬ也、

竜泉寺町の家は元よりスラム街に等しいものだが、この福山町とて大同小異の所で住宅街ではない。ただ一葉の住んだ家は守喜の離れになっており、元隠居が住んでいたというから、絃歌のさざめく表通りから奥まっていて、入ってしまえば稍々静かな落ちついた家だった。今は跡形もなくなっているが、大体柳町から指ヶ谷《さすがや》町へ走る電車道と稍々平行して、その東側に福山町の通りがあり、そこに

怪し気な曖昧屋《あいまいや》が並んでいた。守喜の店はその通りに面した家で、その店に向って右側にある薪屋との間にある二人並んでは歩けない細い路地《ろち》があり、その突あたりが守喜の離れで、入口は滝子の望んだような門構えではないが、一応くぐりのような格子門になっていた。それをくぐると色ガラスのはまった入口の戸があり、そこが三尺四方の靴ぬぎの土間である。元来が隠居所だったので、台所などは無かったのだが、一葉が入る頃玄関の脇に差し掛けの台所を作ったらしい。この家は後、森田草平、詩人の正富汪洋《おうよう》が住んでいた

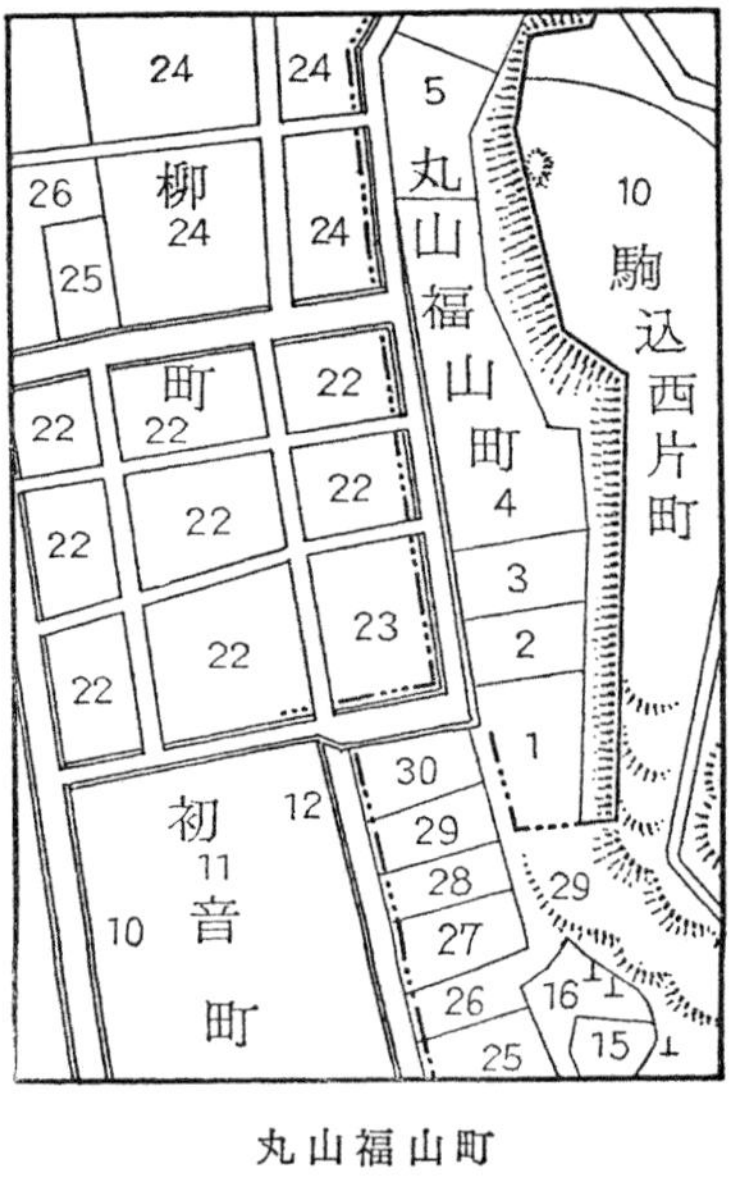

丸山福山町

ので、間取りは比較的明らかになっている。別掲の写真は大体正富氏作製の見取図を基礎として作り上げた模型である。なおこの家の裏側が本郷の高台になっていて、その上が阿部の広大な邸である。崖《がけ》は別に石垣が積んであったわけではないので、そこからじくじく清水が出ていて、崖下に幾つかの池が出来ていた。写真の向って右側にその一つの池があり、「水の上日記」の名前が生じたのは、障子を開けばこの池を見下すことになったからである。例の『にごりえ』の菊の井

丸山福山町の一葉宅の模型

のモデルとなった鈴木亭は薪屋からいえば左隣りに当る。その座敷はこの離れの方にまで延びていて、一葉の家と隣接した形になっている。二十八年の『しのぶぐさ』に、「となりに酒うる家あり」というのはこの鈴木亭のことである。なお福山町通りの景況は『にごりえ』冒頭《ぼうとう》に詳しい。

萩之舎と一葉

五月一日一葉は小雨《こさめ》の中を転宅した。五月三日から約一《ひと》月間日記は書かれていない。転宅のことで忙しかったのであろう。代稽古を仕初めてから、一葉は小出粲《つばら》から、中島の社中人多しと雖《も》君を措《お》いて他に継ぐ者がないから、歌人として千《せん》載《ざい》に名を残すようにと激励された。粲は梔園《くちなしえん》と号し、最初から一葉のよき指導者であった。そしてこの頃の彼女の勉強振りは新入門者や若い人々の添削や、献歌の代作などが主な手伝であった。七月に入って例の幸作問題が起って、心境も動揺したが、転宅当時に借りた金も使い果して、家計の逼迫《ひっぱく》もまた強くなって来た。

『闇夜』

転宅後初めて書いた小説は『闇夜』で、督促を延しながら七月二十二日に脱稿して、これは『文学界』九月・十一月号に載った。しかしまだこの作品は旧態から脱却したものとは言えなかった。爺《じい》や夫婦と侘《わび》しい暮しをしているお蘭と、彼女を慕う漂泊《ひょうはく》の青年直次郎とを中心として、その直次郎が恋ゆえに、お蘭が憎《にく》む衆議院議員浪崎を殺そうとする構想で、まだ空想的な作品であった。

また、萩之舎の代稽古は真面目《まじめ》にやっていたようだが、彼女自身の歌作は数多くなく、歌体は清新さもなく、偶感もあるが、殆んどが題詠または物によせての技巧歌であって、心にのびがない証拠ともとれる。要するに、居《きょ》は変ったと言っても二十七年という年は一葉にとっては心の虚無時代であり、またそれゆえに悪く人ずれのした時代であった。例えば金策などに関しても、知人は元より久佐賀のような人物にも一種のたかり的な言辞を弄《ろう》し、九月末になると同じく一面識もない村上浪六にまで金銭《かね》を借りようとする。浪六は当時向島に住んでいたが、一葉より八歳年長の男で、『三日月』の処女作以来『奴の小万』『深見重左』等で

村上浪六

浪六へ借金の申込

大衆文壇に名を売った流行作家であった。桃水と同じく朝日の記者である。二十七年十一月十日の日記に左の如き記事がある。

十日、けふはなみ六のもとより金かりる約束ありけり、九月の末よりたのみつかはし置しに、種々かしこにもさしさわる事多き折柄にてけふまでに成ぬ、征清軍記をものしたるその代金きのふ来るべければ、今日は早朝にてもとの約なればゆく、軍記いまだ出来あがらねば、金子また手に入らず、今一日ふつかはかゝるべし、ふたゝび此方より沙汰せんとあるに、せめたりとてかひなければかへる、家は今日此頃窮はなはだし、くに子は立腹、母君の愚痴など今更ながら心ぐるしきはこれ也、なみろくがもとにて種々をかしき物語ありき、硯友社《けんゆうしゃ》の事、朝日のたれかれ、朝比奈君《ぎみ》・正太夫氏など類は友をよぶとか、さる筋とむねあく斗《ばかり》のはなし多し、（『水の上』日記）

この文によると九月末から浪六のところに借金を申し込んだらしいが、どうして浪六に金銭を借りようとしたか、その原因は判らない。或いは桃水と同社中の誼《よしみ》で、桃水からの口添えがあったからか、或いは入れ知恵があったか判らないが、この当時一葉が桃水に金銭《かね》の無心をしたらしいことが、九月十九日附の桃水からのはがきに、金銭の都合がつき兼ねる由の文面があるから、恐らくその後《あと》で浪六に無心したものと思われる。手紙のみならず直接に浪六方を訪れたことは浪六からの手紙に、度々の来訪を気毒《きのどく》がっていることが書いてあることでも判る。なお日記中『征清軍記』というのは、青木嵩山堂《すうざんどう》から十二月十七日附で発刊されたもので定価は六十銭である。しかし浪六は結局一葉に金銭を貸さなかった。現存の一葉宛浪六の手紙を見れば文章鄭重を極め、非常に同情的口吻《こうふん》に充ち、久佐賀とは比較にならない名文だが、それに引かされて一葉が信じ込んでいたばかりに一寸のばしに延されて、終《しま》いには日記の中でかんかんになって怒っている。五月一日の記録を見ると、浪六のもとへ何となくふみいひやり置しに絶て音づれもなし、誰れもたれもいひがひなき人々かな、三十金、五十金のはしたなるに夫《それ》すらをしみて出し難しとや、さらば明らかにとゝのへがたしといひたるぞよき、ゑせ男を作りて髭《ひげ》かき反《そら》せなどあはれ見にくしや、引うけたる事とゝのへぬはたのみたる身のとがならず、我が心はいさゝ川の底すめるが如し、（『水の上日記』二八年五月一日）

とある。随分勝手な言いぐさで、三十金・五十金のはした金とみえを切っているあたり、かなり不敵な面魂《つらだましい》に見えるが、要するに結果としては浪六の方が久佐賀より上手《うわて》で、人が悪いと言えば悪かった。このほか桃水にも若干ねだったことがあるらしく、桃水未亡人大浦若江の話によれば、小田久太郎を通じて毎月十五円ずつ一葉に与えたことがあるということだが、恐らくこの当時ではないかと思われる。

時代遅れの旧派和歌

こうした生活的苦闘の中に、一葉が最初の活路としていた萩之舎社中に対する期待が次第に薄れて行った。要するに萩之舎は旧派の結社であって、会員が特定階級であり、個性的な自由な歌を交換し会う機関誌も持たず、歌は生活的に裕福な夫人・令嬢の遊芸であって、生活の苦しみや、心の悶《もだ》えを訴えるものではなかった。従って、萩之舎は社交機関であっても心の道場とはならず、師匠もそのような鍛錬を強《し》いずに幇間《ほうかん》的な存在にさえなり、一方子規を初めとして和歌革新の運動は徐々に起り、旧派歌風は次第に歌壇の上から勢力を失うようになった。従って歌子の私生活も一葉が期待していたような余裕もなく、代稽古料も時によると歌子の私物を質種《しちぐさ》にして一葉に渡すというような窮状もあって、歌子自身も黙認の形で、一葉が弟子を取るのを認めざるを得なかった。岩手から帰った野々宮菊子が、友人安井哲子を連れて来たり、桃水の紹介で近づいた大橋乙羽の妻とき子が詠草の添削を一葉に乞い出したのはこの頃である。安井哲子の談によれば、一葉の『源氏物語』の講義は高等師範の講義よりも面白かったと言われている。

歌の弟子次第に集まる

このようにして折角萩之舎後継者の自負《じふ》で社中に帰り咲いたとはいうものの、竜泉寺転居以来の二年間、いわば人生の極北にも等しかった生活は、もう彼女をして旧派の歌型ではどうしても詠みこなせられない感情を育てさせていた。

旧派歌型に魅力を失う

他の歌人達が美しいと思うものに美を感ぜず、花鳥風月の表面を愛《め》でるよりも裏面から鋭く嘲《あざけ》るという習性がついて来た。生活的にも自分を支持せず、内容的にもそぐわなくなって来た旧派歌風は、一葉にもう魅力がなくなって行った。惰性で添削はするが、自分で詠もうとはしなくなった。いくらかでも自分の感情に託せられるものは旧態依然たる題詠歌ではなく、いわゆる折にふれての雑詠であった。

詞書の歌より歌物語へ

それも歌自身の独立性を尊重する詠み方ではなく、長い詞書《ことばがき》を付けた物語歌になった。その最も典型的なものは、二十八年一月に書きつけた『しのぶぐさ』の物語歌である。歌の前に長い詞書がつき、『伊勢』『大和』の物語のように歌物語の形式となり、そのいずれの例も彼女の日常生活に即《そく》しての折々の現象を、それに絡《から》まる感情を織り交ぜての抒情詩で、題材は半井桃水・村上浪六・渋谷三郎・広瀬伊三郎、新開地の情景、手紙の代筆、戸川残花と『水沫集』などを物語めいて語って歌で結んだものである。この詞書付和歌は二十四-五年の日記断片に見えているが、この『しのぶぐさ』になると文と歌とが抜き差しならない調和を保っている。しかし、このことは歌人としての樋口夏子の限界を示したもので、一葉はそれ以上に歌を突き進めることは出来なかった。実際二十八年には歌数はせいぜい三百首足らずであり、歿年の二十九年になると、殆んど作品は数えるほどで、それも歌として体をなさず、歌人としての成長を止めてしまった。一葉より数年後に現われた鳳《おおとり》（与謝野）晶子《あきこ》が新体詩の影響を受け、新古今風の詠法で革新的な歌を詠み出したのに対し、一葉の歌は文学史的意味から考えると、遺憾ながら旧派の残照《ざんしょう》と言わざるを得なかった。

小説道に邁進

しかし、この旧派和歌への絶望があったからこそ、彼女の文学活動が小説道に

『大つごもり』

於いて本格的になったのである。彼女が漸く心の安定を取り戻すと同時に、その小説が近代性を持ち出したのは二十七年暮頃からであった。

『文学界』にはこの年（二十七年）『花ごもり』『闇夜』を発表していたが、十二月『大つごもり』を発表するに及んで、初めてその作品の中に、彼女の体験的見聞が織り込まれてきた。白金台町の商家に仕える下女峰が、叔父の病気のため二円の前借を内儀《ないぎ》に頼んだが聞かれず、思わず懸硯《かけすずり》の引出しから二円を盗み取って、使に来た叔父の子に渡してしまう。石之助という主人の息子、現在の内儀には先妻の子に当るが、これが家庭が面白くないために実家へは寄りつかない。たまたま大晦日《おおつごもり》に帰って来て父に金をねだり、五十円貰って家を出た後で、大晦日の勘定が始まり、内儀の言いつけで、お峰が恐る恐る例の懸硯を差し出したところ引出しの金は全く失《な》くなって、「引出しの分も拝借致し候、石之助」と書いた書付が残っていた。或いはお峰の仕業《しわざ》を見て、ついでに罪を被ったのかも知れない。「後のこと知りたや」と筆を止めている短編で、叔父安兵衛の家の描写、又、商家山村の内部の描写は恐らく作者の空想ではなく、自らの目で見た庶民生活をそのまま写し出したものであろう。読者をはらはらとさせ、最後に勧進帳《かんじんちょう》の富樫《とがし》もどきの趣向をこらすあたりは中々戯曲的で、構成力の巧みさを思わせるが、それよりも、この作の特徴となる処は前述のように庶民生活の実写である。そしてそれは当時どこにでも見られる下級生活者の姿であったことである。貧に苦しみ、久佐賀や浪六にたかる作者がお峰の行為を非難する替りに、救いの形で筋を纏めているのは、恐らく一葉の当時の生活感情を真正直《まっしょうじき》に示したものであろう。この心境を知らないで、単に『大つごもり』の結末に推理小説的な興味を起すのは間違いであろう。邦子聞き書《がき》の『かきあつめ』には、この『大つごもり』のことにふれていないが、生活者としての一葉の実感が最初に現われたものとして、この作は一葉作品史上一つの出発点を示すものである。かくして、これを回転軸として、次のいわゆる「奇蹟の一年」が廻ってくるのである。

廿八年春より、たけくらべを文学界え出す。友なる人のたのみにて、和歌けんきゆうにくる人五六人、手習をといひし子供も五六人ありけり、同じ春大橋乙羽庵君《きみ》、半井君の紹介にて来問、大橋えものかけとてなり。ゆく雲を出す。
夏のすえつがた、にごりえ、十三夜を作る。秋読うりより俄にたのまれて、うつせみはいだす、つゞひて月曜ふろくえあやしきもの三度ほど出す。暮月、我から、及、別れ道を作る。（『かきあつめ』）

『たけくらべ』

明治二十八年（一八九五）彼女は数え年二十四歳になった。この一月から『文学界』に『たけくらべ』を連載し始めた。『たけくらべ』は最初『雛鶏《ひなどり》』と題して、前年春頃から腹案を得て、秋から暮にかけて、その幾分かが未定稿として書かれていたものと推定される。ところが『文学界』から投稿を催促され、一葉自身も金《か》

『たけくらべ』の写実性と抒情性

銭《ね》に困るところから、その未定稿に手を加えて一回から三回までを二十三日頃脱稿して送った。これが一月末発行の『文学界』に載り、次いで二・三・八・十一・十二月、更に明けて二十九年一月号で全篇十四章を完結している。それが四月の『文芸倶楽部』に一括されて、初めて文壇に大反響を捲き起すわけであるが、元来は一葉に適当な短篇が無かったために、渋々ながら未完の「雛鶏」を「たけくらべ」と改題して、一・二・三回分を取りあえず出したという形になっている。事実『文学界』は初号は別問題として、各毎号五千部以上売れたとは考えられない。いわば若い特殊な文学青年を相手にした同人雑誌的な存在であったから、『たけくらべ』も最初の間はそれ程人目を引かなかったのであろう。一葉は『たけくらべ』を書くに当って、『伊勢物語』の筒井筒の説話(つゝゐづつゐづつにかけしまろがたけ生ひにけらしな相見ざる間に(男)。くらべこし振分髪も肩過ぎぬ君ならずして誰かあぐべき(女)――伊勢物語――)を思い出したに違いない。竜泉寺町に住み、めんこやあて紙を子供に売っていた一葉の目に写ったものは、それぞれの性格を持った色街界隈《いろまちかいわい》の子供達である。所柄《ところがら》、ませた者もあり、ひねた者もあり、階級的劣等感から反抗的になったり逆に卑屈になったりする子供達もいたが、いずれにせよ子供はどこまでも子供であり、大人の目からは己れの過去の純真な姿に思えた。浮世の辛酸《しんさん》を嘗《な》めた一葉にとっては、己れの貧苦のために、浅ましくなり果《は》てた現在を思うにつけ、父親在世中の無邪気な子供時代の遊び友達、又父親亡き後、はずむ胸を押えて通った半井《なからい》桃水の思い出など、どれもこれも美しいものに思われた。竜泉寺町の子供のいさかいや仲らいを見ているにつけ、それ等の中に自分の初々《ういうい》しい思い出を復活させることによって、現在の悲境を忘れようとした。『たけくらべ』はいわばこのような製作動機から出発した浪漫的作品である。それが単に作者のひとりよがりの抒情的作品に終らないで、その抒情を読者に納得させて行ったものは、一葉の客観的描写態度であった。観察の緻密で且つ特徴を捕えてやまない写実的態度であった。それに平安朝の冗漫《じょうまん》な文脈を簡潔に刈り込んで行った文

『文学界』同人

『文学界』同人写真

（左より柳村，藤村，天知，孤蝶，秋骨，禿木，夕影）

章の魅力も大きに手伝った。

さてこの二十八年は一葉にとって大飛躍の年になった。彼女の総力が初めてとどこおりなく結集されて、文学に結実された年である。また彼女に文学上の友が多く現われ、それらから受けた影響も見のがせなかった時代である。

二十八年一月二十日、『文学界』の戸川残花が、自分の娘戸川達子が一葉に歌を教わることになった挨拶をかねて、初めて彼女を訪れた。残花は『文学界』同人というよりも、客員といっていい長老的存在で、当時四十歳（ちなみに一葉・藤村は二十四歳。上田敏二十二歳。平田秃木二十三歳。戸川秋骨二十六歳。馬場孤蝶二十七歳）、熱心なクリスチャンで、『女学雑誌』の巖本善治・賤子《しず》ともよく、従って一葉に対しては他の同人のように話相手というよりも、指導者乃至忠告者的な位置にあった。一葉に鷗外の『水沫集』や内田不知庵訳の『罪と罰』を貸したのも、一葉の世界観を広めてやろうという先輩としての親切からであろう。

『文学界』の同人ではすでに秃木が真先きに訪れているが、次いで秋骨・孤蝶などが相次いで訪問し、談論風発《ふうはつ》した。一葉は単に相鎚《あいづち》を打つ程度ではあったが、彼らと話合っているうちに、識《し》らず識らず、文学とは如何なるものかを体得して行ったことは、既に秃木最初の訪問の時にも記して置いた。年少の青年に伍《ご》して常に一葉が嘆ずるのは、無学無識、家に産なきことであるが、彼らはそういうことを乗りこえて、一葉に接していた。既に菊坂時代で述べた如く、時には天知が眉をひそめるほどの狃々《なれなれ》しさはあったろうが、それは自分らを語りたいためにこの女友を相手にしたととるべきであろう。従って、そういう意味で、一葉も屈託《くつたく》なく彼らを迎えたのである。「我々と女史との交際は結局客間に於てに過ぎなかつたのである」(『文学界前後』)という禿木の言葉は偽りではなかった。一葉は五月十日の日記の孤蝶評に、「かれは行水《ゆくみず》の流《ながれ》に落花しばらくの春をとゞむるの人なるべく、いかでとこしへの友ならんや」とあるが如く、一葉にとっては彼らは流水上の落花であった。我が家の台所を見せるべき人ではなかったのである。桃水を知り、久佐賀を知り、浪六を知っている彼女にしてみれば、まだ在学中の青年らが弟分に見えたのも無理はない。それゆえに、彼らの放言も深更までの長座も、時時はじりじりすることはあっても、多くは快《こころよ》く許せたのかも知れない。

しかし、それならば彼らが若いが故に単に雪月花と見立てて愛玩《あいがん》していたかというと、必ずしもそうではないのである。やはり一葉には作家として、彼らの新しい情感に対する魅力を感じていたに違いない。禿木が後に、一葉女史に至つては、同じく薄倖《はっこう》の人ではあつたけれど、一躍その辿り着くべき処に着き、苦もなくその真境地を見出して、短いその生涯のうちに、人の生れて為すべき凡てを見事に成就して仕舞つた。女史は些《いささ》かも迷はず、真しぐらにその進むべき路に向つて進んで行つたのである。この点から云へば、女史は実に幸福な人である。「文学界」同人の発見、並に誘引が女史のこの進路を少からず助けたことは、今に我々の誇りとしてゐるところである。女史は決して同人中の中心にはなつてゐなかつたが、よく我々の悩みを解し、我々の歓喜に共鳴した。源氏、西鶴など国文学の素養より一歩も出でざる女史にして、西欧の詩歌文芸に思ふさま浸つてゐた我々と、斯く互ひに解しあひ、同じ歩みを辿つて行かれたのは真に偉としなければならない。（平田禿木「文学界前後」）

といっている中で、傍線を引いている部分は、単に同人等が一葉文学に発表舞台を与えその才能を称揚して、彼女に自信をつけさせたという意味にとるばかりでなく、彼らの古きもの、固定したものへの呪咀《じゅそ》と、新らしいもの、動けるものへの憧憬《どうけい》精神が、一葉の作家としての心境を啓発させた、という意味に重きをおくべきであろう。なお、右の話にあるように、『文学界』同人で、一葉に近づいた者は、既に幾度か、ひとしく一葉の外国文学への無関心さを記しもし、語り伝えてもいるが、その中で戸川残花だけが、全然反対のことをいっているのは注目される。恐らく、禿木・秋骨・孤蝶などは一葉の前ではわざと外国文学を語らなかったのではないかと思われる。それは一葉を古典愛読者と思いこむことから、外国文学を引き出すことは礼儀上わるいと思ったのかも知れない。青年の若々しい思いやりからわざと語らなかったのかも知れないし、それよりも前述のように自分らの気焔《きえん》をきいて貰うことの方に熱心だったのかも知れない。例えば残花の貸したという『罪と罰』については、一葉が繰返し繰返し数回読んだと言ったと後に残花は語っているが、事実藤村が星野天知に宛てた書簡によれば、

一葉と外国文学

先日は又秃・秋二兄と共に一葉女史の許へ参り、非常におもしろき会合に有之、定めて御存の御事と存候得共、一葉女史尤も変調論を愛読するやにて、実にめづらしきすねものと存候、いづれ拝眉の折申上度事のみ、唯々貴兄御聞取相成候はゞ大笑の種と存候、（島崎藤村が星野天知に宛てた書簡、明治二七年八月一四日附と推定されるもの。「一葉・われは女なりけるものを」勝本清一郎『自由婦人』（昭和二三年九月））

一葉がもっとも「変調論」を愛読する珍らしいすねものだという意味のことが書いてあり「変調論」は二十七年一月の『文学界』に載った秋骨の『罪と罰』評で、要するにラスコールニコフを狂に追い込んだ「見えない敵」に対する青年らしい挑戦で、ラスコールニコフの持つ一種の社会的レジスタンスに一葉が共鳴したという事実はこの手紙で判る。一葉は前から己れを「ひがもの」とも「すね者」とも言った。世とあわざる意で、元来は萩之舎社中に於ける自己の位置に対する卑下も混じていたかも知れないが、それは次第に「見えざる圧迫」に対する批判・

挑戦・冷罵《れいば》の要素を含んで来た。彼女が紫式部よりも清少納言のような女性に好意を感じるのもそのせいである。一葉が『罪と罰』を愛読したのはこうした『文学界』の同人達の話によって、主人公の反抗精神に興味を感じていたやさきに、残花から貸して貰ったから飛びつくようにして読んだと考えられないことはない。

右のように彼女は禿木・秋骨・孤蝶などと討論まではしなかったろうが、近代文学に対する彼らの談論風発を耳に聞きながら、次第に自己の思想内容に取り入れて、作品に筋金を入れて行ったことは疑うべくもない。その意味で一葉の作品に現実性と個性とを与えたものは間接ではあるが、『文学界』の同人達であるということが出来る。

二　絶頂期と終焉《しゅうえん》

一葉の文名が世に識《し》られ出したのは、『ゆく雲』を雑誌『太陽』に発表してからである。『太陽』は当時の大書肆《しょし》博文館発行の看板雑誌で、政治・経済・社会・文芸に亘《わた》った綜合《そうごう》雑誌であり、当時第一流に位した。一葉を博文館の養子大橋乙羽に紹介したのは、かつての旧師半井桃水であった。三月二十九日附の一葉宛乙羽の書簡によれば、名前は桃水や藤本藤陰から聞いており、住所も桃水から聞いたので手紙を差上げるが、『文芸倶楽部』に二ー三十枚の短篇を戴きたいという内容である。『文芸倶楽部』は小説雑誌で、『太陽』よりは格は低いが、当時最も売れたものである。この乙羽の書簡に応じて一葉が書いたのが『ゆく雲』である。『太陽』に載ったのは何かの都合であったのかも知れないが、それが結果としては一葉を文壇にはっきり印象づけさせることになった。水野年方の挿絵があり、巻頭に作者の簡単な紹介がある。筋は、貧農の伜《せがれ》桂次が七歳の時野沢家の養子となり、娘お作の聟《むこ》に定められていた。学問修業に東京に出て、野沢の親類の上杉方に寄寓している間にそこの継《まま》娘お縫の可憐《かれん》さに引かれるようになる。しかし結局

「ゆく雲」

山梨の養家に呼び戻されて、帰郷してしまい、その後三度ばかりお縫の許《もと》へたよりをよこしたが、その後それもとだえて二人の恋は流れる雲の如く淡《あわ》いもので終る、という浪漫的な作で、桂次は野尻理作をモデルとし、お縫は邦子をモデルとしたらしく、邦子が、何となく理作にひかれており、その理作が結婚した報知を聞いて悲しむところが『一葉日記』にも出てくるが、おそらくそんなことからヒントを得たのかも知れない。しかし作風は『大つごもり』などよりも後退して、在来の一葉風の咏嘆が流れて甘いものになっていることは争われない。従って諸評必ずしも芳《かんば》しいとは言えなかったが、発表舞台が『文学界』とは違って一般的な雑誌であったために、この作で一葉の名は知られ、雑誌『帝国文学』は彼女の筆に西鶴の趣がありといい、この作者は人生の裏面に注目すると云って、その特異性を認めた。なお、これより一月前に残花の紹介によって『毎日新聞』に『軒もる月』を発表したが、こうして一葉の文名が各誌に現われると、知人宅でも一

『軒もる月』

元来享楽的な生活態度

葉の真価を認めるようになったことは五月六日の安達盛貞訪問の記事に、「老人のよろこびいとことごとし」などという描写でも判る。しかし、と言ってもまだ生活的な安定が出来たわけでもなく、五月十四日の日記によれば、

十四日、今日夕はんを終りては後に一粒のたくはへもなしといふ、母君しきりになげき、国子さま〴〵にくどく、我れかくてあるほどはいかにともなし参らすべければ心な労し給ひそとなぐさむれど、我れとて更に思ひよる方もなし、朝いひ終りて後、さらば小石川へだに行こゝろみんとて家を出づ、風つよくしておもてもむけがたし、師君のもとへゆきて博文館よりの礼などのぶる、流石に金子得まほしきよしをもいひがたくて物語少しするほどに、師君起て例月の金二円ほどをもて来給ふ、うれしともうれし、（日記『みづのうへ』）

とあり、相変らずその日暮しということが判る。ところが夜になって、邦子から若竹の義太夫が今夜限りだとせがまれて、寄席《よせ》へ行っている。「午前はけふかぎ

りの食とて胸を痛めし身が、夜にいりてはよせへ遊ぶ。世はすべて夢也」とはこの日の感想である。一葉に金を持たせたら明るい享楽家になっていたに違いなく、作品と違って日記に時々駄洒落《だじゃれ》や諧謔《かいぎゃく》気分が出てくるのは、彼女自身が自らを客観視するだけのゆとりを持っていると言えよう。越えて五月二十四日大橋乙羽の許でその妻とき子（二〇七ページ参照）に逢い、『文芸倶楽部』へ出して貰うためにかつて『甲陽新報』に出した『経づくえ』を『経づくゑ』とし、主人公松島を波崎に変え、十数ヵ所に亘って字句の訂正を施して手渡した。とき子は竹柏園の門下で歌を学んでいたので、これを機縁として一葉に歌の添削などを頼んだらしい。例の釧之《せんの》助《すけ》が株をやっていて、その価下《ねさが》りのために一葉などが心配して衣類まで提供したが、それがこの頃高価《たかね》になって、釧之助がやって来て、例の伊勢屋に預けたものを引き出してくれと言って、鰻飯《うなぎめし》を御馳走してくれたことのほほ笑ましい記事が、この月二十二日の項にある。

川上眉山

川　上　眉　山

一葉が文壇に識られるに及んで、五月二十六日、川上眉山《びざん》が孤蝶や禿木に連れられてやって来た。眉山は一葉より三歳年上で、硯友社《けんゆうしゃ》同人であるが、戯作《げさく》者《しゃ》風な気質《かたぎ》はなく、宿命的な悲劇的人物で、孤独の道を歩いていた。小説を趣向から人生解釈へ導こうとする立場だっただけに、『文学界』の同人と親しくつき合っていた。

作家的自信

さて、この眉山が訪れるあたりから福山町の一葉の家は文学サロンの趣を呈して来た。彼女自身もすね者はすね者ながら座談にも諧謔《かいぎゃく》と愛嬌《あいきょう》が出て来て、応待も巧みになって来た。作家的自信がついて来たからであろう。「けふの一葉はもはや世上のくるしみをくるしみとすべからず」と気負った気持になっていた。

六月三日一葉は半井桃水を三崎町に訪ねた。それは去る十九日留守中桃水が突然訪れたので、その返礼の意味もあった。彼女の家に集る文人漸く繁く、一葉自身も好もしく思う異性も少なくはなかった。「孤蝶子のうるはしきを秋の月にたとへば眉山君は春の花なるべし」とはつい十日ばかり前に書きつけたところであるが、それは昨今開かれた花園に立覗《のぞ》く眼移りの現象にすぎない。星霜をかけて磨き上げた心の燈火《ともしび》はやはり三崎町にあった。そこで彼女は桃水の妹幸子が夫と死別して帰って来ているのに逢い、また弟の浩《ひろし》の娘千代が五歳に成長して、この伯父の許《もと》に遊びに来ているのに出会った。勿論一葉はこの千代を桃水の子供だとこの時も思い込んでいた。少し長いがその部分を左に引用して見る。

五年ぶりにておかう君にあふ、取集めての吊詞などいふにこゝろうくたゞ涙ぐまれぬ、鶴田ぬしがはらにまうけし千代と呼べるがことしは五つに成しが、いとよく我れに馴れてはなれ難き風情、まことの母とや思ひ違へたる哀れ深し、ちよ様は我れをわすれ給ひしかといふに房々とせし冠切りのつむりをふりて否やわすれずといふ、二階のはしごの昇りにくきを我が手にすがりて伴ひゆくも可愛く、茶菓などはこぶをあぶなしといへども誰も手なふれそお客様には我れがもてゆくのなりとてこま〴〵とはたらく、かゝるほどに戸田ぬしが子も目さむれば、おかう殿いだき来てみす、まだ生れて十月斗《ばかり》のほどならんいとよくこえてたゞ人形をみるやうにくりくりとせしさま愛らし、目もはなもいと少さくて泣く事まれなる子といふがうれしければ、抱き取りてふりつゞみ見せ犬はり子まはしなどするに、いつとなくなれて我が膝にのみはひよる、こはあやしき事かな、常にをとなしき子なれども見馴れぬ人にはむづかりて手をもふれさゝず、此ほど野々宮様・大久保様などあやし給ひしにいたく泣入りて困《こう》じにけるを、今日はかく馴れ参らせてよろこび居る事とおからどのいぶかる、半井ぬしほゝゑみて縁のあるなめりといひ消つ、すし取寄せくだもの出しなど馳走をつとむ、四年ぶりにて半井ぬしが誠の笑《え》がほを見るやうなるが嬉しく、打くもりたる心のはれる様也、そのむかしのうつくしさはいづこにかげかくしたるか、雪のやう成し色はたゞくろみにくろみて高かりしはなのみいちじるく成りぬ、肩巾の広かりしも膝の肉の厚かりしもやう〳〵にせばまりやせて、打みる所は四十男といふとも偽ならず見ゆ、なつかしげに物いひて打笑むさま、さはいへど大方の若ざかりよりは見にくからず、たゞ誠の兄君・伯父君などのやうにおぼゆ、君はいくつにかならせ給ふ、廿四とや、五年の前に逢そめ参らせたるその折に露違はずもおはしますかなといひ〳〵てこゝろおく方もなく語る、此人ゆゑに人世のくるしみを尽していくその涙をのみつる身とも思ひしらねば、たゞ大方の友とや思ふらん、今の我身は諸欲脱し尽して仮にも此人と共に人なみのおもしろき世を経んなどかけても思はず、はた又過にしかたのくやしさを呼おこして此人眼の前に死すとも涙もそゝがじの決心など大方うせたれば、たゞなつかしくむつまじき友として過さんこそ願はしけれ、かく思ひ来りて此人をみれば菩薩と悪魔をうらおもてにしてこゝに誠のみほとけを拝めるやうの心地いひしらずうれし、日ぐれに近く暇ごひして帰らんとするに、さらば又此頃とはせ給へ、われも例の神鳴りのけなき折君がもとを訪はん、もろともに寄席《よせ》にも遊ばゞやなどいふ、下坐敷に下りくれば、樋口様は帰らせ給ふか我れも逢ひ参らせたかりしをとて父君出でおはします、又とはせ給へゆる〳〵御物語りせばや、とてこれもかれもなつかしげなるがうれしく、暇をこひて出るこゝろ夢のやうなり、家に帰りて直に入浴、道にて雨にあふ、此よは大雨也、（日記『水の上』）

感慨無量の会見

桃水はこの当時、両親を引き取っていた。文中父君とあるは半井湛《たん》四郎。この文章は一葉の心情を識《し》る者にとってはあわれの一言に尽きる名文である。この人故に「いくその涙をのみつる」という彼女の心情を、桃水がはっきり識っていたわけではなく、彼女の一人相撲であったろう。だから大方の友とや思うらん、と思いはかるのである。しかし、その涙を桃水に見せないで我と我身で戦ってきた一葉にとっては、今日の逢瀬は千代が傍《そば》に戯れているだけに、心迫るものがあったろう。千代からまことの母と思われることにどのような感慨を抱いたことであろうか。現在の一葉にしてみれば、文学的自信がはっきりついており、目前の事実に動かされるものが無いとしても、胸に迫るものがあったろう。要するに一葉が桃水から菩薩と悪魔とを引き出したことは、彼女自身の錯覚によって作り上げた悲劇である。しかし、この虚構の事実を通して、彼女は菩薩と悪魔との戦いをこの地上に描き残したということは、彼女を文学者として生かしたことになった。「此よは大雨也」で擱筆しているが、この一句ほど自然と人生を調和させたものはない。

田沢稲舟

その後の桃水に対する一葉の心境を伺うに足る記事はない。ただこの年に、戯《いたず》ら書をしたかと思われる雑記帳の中に「いな舟、稲舟、かのぬし羨《うらやま》れ候、とても」「田沢、田沢、田沢」「稲舟《いなふね》、稲舟」とある。女流作家田沢稲舟が山田美妙とのロマンスを新聞・雑誌にうたわれたのは二十八年十二月のことである。尤も二人は数ヵ月ならずして離婚してしまったが、一葉が書きつけたのはおそらくこの噂のやかましい時だったろう。ここにも稲舟に託して、一葉の切ない思慕《しぼ》が現われている。稲舟側の記録には、稲舟と一葉とが逢ったことになっているが、一葉側の記録にはこのことはない。しかし、この落書を見ると、或いは一葉が逢わないまでもある関心を持っていたことだけは判るのである。

佳作続々と発表

一葉の文壇的活躍は『経づくゑ』に続いて、読売新聞記者関如来に頼まれて、八月の末に『うつせみ』を発表し、九月には例の鈴木亭のおとめからヒントを得て、『にごりえ』を『文芸倶楽部』に発表した。

『にごりえ』

『にごりえ』の腹案はかなり前からされていたらしく、未定稿《みていこう》と思われる。『親ゆづり』『ものぐるひ』等の題名による断片が残っており、『たけくらべ』が少年少女を通じて過去への郷愁《きようしゆう》を書いたのに対して、これは成年男女の世界を写実的に書いたものである。勿論写実と言っても一葉独得の「すね者」的精神は一貫しているが、前者は吉原の裏町を書いているのに対し、後者が新開地の色街を書き、共に背景が脂粉《しふん》の香に充ちた巷《ちまた》であることに注目される。しかし、『にごりえ』には一葉的な宿命観が流れていても根本的には厳しい作者の現実批判が中心になっている。そして『にごりえ』という題名こそ『伊勢集』の歌から取っているが、平安朝の古典の引用や語法は全く影をひそめ、たまたま引用される語句の出典も近世以降のものであり、一葉の文章が全く当時の現代文となり、彼女独得の生彩を帯びた文章になって来ているのである。

『十三夜』

『にごりえ』発表以来一葉の文名は益々高まり、次いで十二月の『文芸倶楽部』「閨秀小説《けいしゅう》」号には旧稿『闇夜』と共に、『十三夜』を発表し、同一雑誌に二作を掲載するほど重視された位置になった（但し、編集者の注意から『やみ夜』の方は「なつ子」と署名してある）。『にごりえ』が写実的傾向の強い作品とすれば『十三夜』は抒情的傾向の強いもので、女主人公お関が稍々冗舌《じょうぜつ》に偏するところはあるが、不和の夫の許《もと》に帰る途中、昔馴染《なじみ》の幼友達に逢い、互いに淡《あわ》い恋を月下に思い出しながら右と左に別れる。という筋は一葉の初期作の趣向と同一類型を持つが、旧作のような不自然な技巧はなく、事件的な盛り上りも狙《ねら》わず、淡々として一種の墨絵の如き感じを与えている処に作者の進歩があった。当時批評界の権威と考えられていた鷗外・露伴・緑雨などが筆を振った『めざまし草』の合評によれば、『にごりえ』ほどの賛辞はなくても、これより少し後に出た『別れ道』（二九年一月『国民之友』）と並んで好評を博したものであり、現在の文学史的評価から言っても、『たけくらべ』『にごりえ』と共に三部作の一つをなすものと認められている。

かくして各作を発表するごとに一段一段と名声を高めて来た二十八年の年は暮れて、二十九年（一八九六）彼女の最後の年が訪れた。文壇知名の人々の訪れが繁くなるに及んで、彼女の内攻《ないこう》的な心持は漸く陽気に外部に解放されるようになったが、それでも時には一葉の気持は深く沈潜《ちんせん》して一種の諦観《ていかん》を作った。夢と現《うつ》し身《み》、それが彼女の到達した人生観である。彼女をめぐる人々は文学上の相手であり、面白い言葉敵《ことばがたき》ではあったが結局はひけ目を示してはならない人物であり、負けまじき相手であった。所詮《しょせん》女であってみれば心まで許すことは出来ない立場にあった。そういう諦観は水の流れるような静かさを持ってはいるが、時によれば過去の細《こま》

やかな愛情をもっていた時代への郷愁《きょうしゅう》もないではなかった。二月二十日の日記を見ると、

雨じたりの音軒ばに聞えてとまりがらすの声かしましきに、ふと文机《ふづくえ》のもとの夢はさめぬ、今日は二月廿日成きとゆびをるに、大かた物みなうつゝにかへりてわが名わがとし、やう〳〵明らかに成ぬ、木よう日なれば人々稽古に来るべき也、春の雪のいみじう降たるなれば道いとわるからんにさぞな侘《わ》びあへるならんなどおもひやる、
みたりける夢の中にはおもふ事こゝろのまゝにいひもしつ、おもへることさながら人のしりつるなど嬉しかりしを、さめぬれば又もやうつせみのわれにかへりていふまじき事、かたりがたき次第などさま〴〵ぞ有る、しばし文机《ふづくえ》に頰づえつきておもへば、誠にわれは女成けるものを、何事のおもひありとてそはなすべき事かは、（『みづの上』）

とあり、ここには別に桃水のことは書かれていないが、この文中にある夢と現《うつ》し身との対照は明らかに過去と現在との対照であり、女としての一葉の最後の叫びである。

昇華された桃水

さて、桃水に関してはその後日記には二十九年五月二十五日・六月二十日・七月十五日に書かれているだけで、最初は彼女が桃水を訪ねて逢わずして帰る。二度目は桃水が緑雨のことを注意しに一葉を訪ね、最後は桃水が中元の礼に門口まで来て帰って行ったことが書かれてあり、一葉の病重くなってから来たかどうかは日記にないから判らない。しかし彼女が一生大人《うし》と言いぬしと言い、兄君と言って仮にも対等に扱わなかったのはこの桃水だけであった。一葉にとっては桃水に逢う逢わないは問題ではなかった。心の故里《ふるさと》として一生遠くから見つづけていればいい相手だったのである。

永遠の男性

『わかれ道』

二十九年『国民之友』の春季附録に『わかれ道』を発表したことは前述したが、

この時掲載された諸作品に対して斎藤緑雨が次の如く批評している。

新年附録を一口に評すれば、「炭焼の煙」は拙作、「のろひの木」は悪作、「琵琶伝」は愚作、「ひたごゝろ」は劣作のいづれも雛形なり、これに洩るゝは「わかれ道」のみなれど、強《しい》て作の字を附さば実らざる廉《かど》あるを取りて不作とも言はばや、何しろことしは野郎《やろう》の外《はず》れなり、仮に役割にすれば白拍子一葉・同宿水蔭坊・天知坊・鏡花坊・宙外坊、但し道成寺《どうじょうじ》は必らず団十郎の勤むるものと早呑込に呑込み玉ふな、常盤座にては銀之助も勤めし事あり、

（『めざまし草』巻の一金剛杵）

作者はそれぞれ江見水蔭・星野天知・泉鏡花・後藤宙外であるが、同じ雑誌で鷗外は、「作者一葉樋口氏は処女にめづらしき閲歴と観察とを有する人と覚ゆ。筆路は暢達人《ちょうたつ》に越えたり」と激賞した。一寸法師と仇名《あだな》を付けられている唐傘やの吉三という小僧が、裏屋住居で仕立物で口に糊《のり》するお京という美女に可愛がら

れ、また自身もお京を慕っていたが、そのお京が生活にあきて人の妾になるというのを聞いて憤って去るという筋のものだが、ここにも裏長屋住いのお京の性格と環境とが写し出され、且つその一徹《いってつ》な気性との対比があざやかに書き現わされ、一般的にも好評を博した。この頃に至ると、一葉の名声は昔日《せきじつ》の比でなく、彼女自身も日記に次の如く記している。

にごりえよりつゞきて十三夜・わかれ道さしたる事なきをばかく取沙汰しぬれば、我れはたゞ浅ましうて物だにいひがたかり、此二十四五年がほどより打たえ寝ぶりたるやうなる文界に妖艶《ようえん》の花を咲かしめて春風一時に来るが如き全盛の舞台にしかへしたるは君が一枝の力よ、など筆にするものあり口にする者あり、いかなる人ぞやおもかげ見たし、などつてを求めて訪ひよるも多く、人してものなど送りこすも有けり、雑誌業などする人々は先をあらそひて書きくれよの頼み引もきらず、夜にまぎれて我が書つる門標ぬすみて逃ぐるもあり、雑誌社には我が書たる原稿紙一枚もとゞめずとぞいふなる、そは何がしくれがしの学生こぞりて貰ひにくる成りとか、閨秀《けいしゅう》小説のうれつるは前代未聞にして、はやくに三万をうり尽し再はんをさへ出すにいたれり、はじめ大坂へばかり七百の着荷有しに一日にしてうれ切れたれば再び五百を送りつる、それすら三日はたもたざりしよし、このほど大坂の人上野山仁一郎愛読者の一人なりとて尋ね来つ、かの地における我がうわさ語り聞かす、我党崇拝のものども打つどひて歓迎のまうけなすべければ此春はかの地に漫遊たまはらばや、手ぜまけれども別荘めきたるものもあり、いかでおはしませなどいざなふ、尾崎紅葉・川上眉山・江見水蔭および我れを加えて二枚折の銀屛《ぎんびょう》一つはりまぜにせまほしく、うらばりは大和にしきにしてこれをば文学屛風と名づけ長く我家の重宝にせまほし、いかで原稿紙一ひら給はらばやなど切にいふ、金子御入用の事などもあらばいつにても遠慮なく申こさせ給

へ、いかさまにも調達し参らする心得也などいふ、ひいきの角力《すもう》に羽をり投ぐる格にやとをかし、（日記『水のうへ』二九年一月）

それと共に女性として風評《うわさ》も起った。例の川上眉山との問題である。眉山が一葉を訪ねて、歌をやめ小説に専念せよと勧め、それが一葉に大きな影響を与えたことは事実であるが、眉山の訪問が繁くなると、そこに怪しい噂が起った。それに対して一葉は日記で冷罵《れいば》し去っているが、恐らく女性の本能的な防衛からであろう。然し桃水の時のような身をゆすぶらす激しい興奮は影をひそめてしまっている。

しかし眉山のような優型《やさがた》の男でなく、一葉に何か気を持たせるようなことを言いながら一葉をして「この男、かたきに取てもいとおもしろし、みかたにつきなば猶さらにをかしかるべく、眉山・禿木が気骨なきにくらべて一段の上ぞとは見えぬ」と言わせたのは緑雨斎藤賢《まさる》である。一葉より五歳上、朝日新聞創業時代に

斎藤緑雨

一時同社にいたことがあるから桃水とも知り合いであった。悪く裏から物を覗《のぞ》くような男に思われ、文壇の毒舌家として一部の人には憎まれていた。この緑雨が一葉の許《もと》に初めて手紙をよこしたのは二十九年一月八日で、使に手紙を持たせて、文壇のために君に話したいことがあるから、聞きたければやって来てくれという文面で、一葉も何事だか判らないが例の皮肉屋のことだから面白かろうと思って、行くことは出来ないがお話は伺いたいという意味の返事を出した。緑雨を怪しい男と知りながら、女として世に独立してゆくためには敵を作りたくない、一つ相手の出方を見ようというような懸引《かけひ》きと達観とを持つようになっていた。緑雨は「よろしく君がもとをとふやくざ文人どもを追ひ払ひ給へ、かれ等は君が為の油虫なり」というような言い方をしているが、とにかく薄気味の悪い言い方をするだけに一々それが気になって、不思議な魅力を一葉は感じていたらしい。幸田露伴に言わせれば（「露伴翁座談」昭二六年一月）緑雨という人間はわさびとか生姜《しょうが》のようなもので、そればかり食べさせられると弱るが、まず彼ぐらい悪口のうまいものはない、という話である。そうして外の人を厭がらせて仲のいい人も仲違《なかたが》えさせてしまう。そういうことが名人だとも語っている。緑雨が初めて一葉を訪ねたのは、例の手紙後四ヵ月目の五月二十四日で、それから屢々訪ねている。一葉も緑雨を油断のならない人物だと知っていたが、もうこの頃の彼女はその油断のならないことの面白さに心ひかれるほどの人間に成長していた。その後六月二日の日記を見ると、

こゝと定めたる宿もなし、日の暮れゆけばもよりの家のたがもとにてもしれるかどをたゝきてはねぐらとし、明けぬればおぼつかなくさまよひありきて

一葉の「すね者」観

人にはたゞ蛇《た》かつのやうにいみはゞかられつ、みづからは憤りに心もだえて筆とれども、優《ゆう》なるものなつかしきなどはかけても書き出らるべきにあらず、たま〳〵書出《いず》るは油地獄、てき面、あま蛙のたぐひ、たゞに敵を設くる斗《ばかり》、文学に一つの光を加ふるにもたらず、後進を導くの助けとなるにもあらず、いたづらに心のもだえを顕《あら》はして、かれ毒筆にくむべしとのみのゝしらる、鷗外はもと富家の子、順を追ふて当代に名をなしつるなればさもあるべし、露伴の今少し力を加へなばと思はるゝも我《わが》罔目の評なるべくや、たゞ天然にすねたる生れなりぬべきやも斗《はか》られぬを、例の弱きもの見過しがたきあたり余りいと物がなしくながめらる、（『みづの上日記』）

緑雨への好奇心

とあり、これを読むと一葉の緑雨をとり上げた角度がはっきり判るところで、しかもこの緑雨の心境が、最近までの一葉の心境に如何に近かったかが判るであろう。言いかえれば、彼は一葉作品の中に出て来る人物である。この日記を通じて見られる緑雨の言葉はお力・お京であり、遠くさかのぼっては籟三《らいぞう》の言葉である。一葉は蛇《だ》かつの如くはばかられる緑雨に哀れを感じている。それは生活上の共感もあろうが、緑雨の憤りと悶《もだ》えと天然にすねたる生れに我が半身を見出したからである。今まで彼女の前に現われた男性は偽善者だったが、緑雨はむしろ偽悪者であったかも知れない。だからこそ「正太夫とひ来たるやとまつに音もなくて此月くれぬ」（六月二三日）とも書き、正太夫が病み上りの姿で骨ばかりになって訪れた折、自分が留守であったことを「あかず口をし」（七月九日）と思ったりしている。緑雨は陰《いん》険《けん》で嫉妬《しっと》深く、『一葉日記』によれば、彼女と『めざましぐさ』の連中を初め他の文学者との仲を平気で離間しようとする男であり、旧師の半井《なからい》桃水がわざわざ一葉に彼を警戒せよと忠告に来たことが、六月二十日の日記に出ているくらいである。それでも一葉が緑雨を捨て切れなかったものは、前に述べたように彼に悪口を言われたくないという功利《こうり》的な自己防衛心だけではなく、やはり緑雨の性格に一葉の小説家らしい好奇心が動いたからであろう。そしてそのすね者的性格に興味を感じたからであろう。日記を通じての緑雨観は冷静で抒情的ではない。思慕の筆致は絶対に洩されていない。日記が七月二十二日で中絶してしまっているので、その後に緑雨に対する感情がどう発展したかは不明だが、恐らく日記の最後に書かれた「此男が心中いさゝか解さぬ我れにもあらず」までの同情的口吻《こうふん》以上には出なかったろう。それに一葉の病状ももうこの頃は悪化していたし、他人に対して余分な感情をこぼすほどの余力はなくなっていたろう。

新傾向の三作

『この子』

これより先二十九年になって一葉は在来の傾向と異なった作品を発表した。一つは『この子』(『日本の家庭』二九年一月)であり、彼女としては初めての口語体心理小説で、夫婦仲の悪かった妻が、子供を得て初めて夫の心もわかり、家庭生活に落つきを見出すという、作者としては空想的な作品で家庭雑誌向きに倫理的観念もあり、異色のあるものではあるが、文体も若松賤子《しずこ》を模倣した通り一遍のもので、どう見て

『うらむらさき』

『われから』

も気を入れて書いたものとは考えられないが、他の二つは一葉の当時の心境を語るものとしては極めて重要なものである。『うらむらさき』(『新文壇』二九年二月)『われから』(『文芸倶楽部』二九年五月)であって、共に人妻が夫の目を盗む姦通小説である。前者は律という西洋小間物商の妻が結婚前からの恋仲の吉岡なる男の許へ訪ねてゆく筋で、前篇及び未刊のままの中篇の断片が残っているものだが、後者は家つきの娘町《まち》が、聟の恭助が囲者《かこいもの》を置いて留守勝であるのを怨んでいるうちに勉強家の書生と何時《いつ》しか仲がよくなり、遂に夫から別居を言い渡されるという筋である。『うらむらさき』の全篇の構想は判らないとしても、いずれも在来の作品と違って、女が自分の境遇に納得しないでその枠《わく》から抜け出ようとするところに新らしい作風の展開が覗《うかが》われた。女とはこういうもの、浮世とはこういうものという諦観《ていかん》めいたものはなく、今度の一葉の女は恋愛に関して一つの意志をもって、世の掟《おきて》に楯をつこうとするところが見える。そうして作者がそれを否定していないということは、

心の革命起る

夫に別居を宣告されて、お町が少しも悪びれず、「我れをば捨てゝ御覧ぜよ、一念が御座りまする」と夫をはたと睨《にら》んでいることでも判る。勿論このお町的な性格はお京にもお力《りき》にもまた美登利にもないではなかったが、それらはいずれも社会的制約内での憤りであって、それを踏み破るほどには燃え上らなかった。またそれは母や妹に囲まれ、家の掟《おきて》に縛られて言いたいこともこらえ、行動をも抑え、僅かに日記にそれとなく抑圧感を洩すことによって、自らを解放していた一葉の姿でもあった。『にごりえ』『十三夜』で文壇的地位を確立し、文学者としての自信も稍々出来た一葉は、今まで母故に妹故にということで抑えに抑えて来た感情を何らかの形で吐き出したくなったのであろう。言いかえればこの二作は一葉が掟に初めて挑戦した野心的な作品である。不幸にして前者は未完のため世評も少なく、後者は題材の異常なため、空想的作品として片づけられてしまったけれ共、作者の精神史からみれば見のがせないもので、この作品を通じてみられる一葉の不敵さは当時通いつめて来た斎藤緑雨を面白い話相手として近寄せた心境と相似たものを持っているのである。

泉鏡花

泉鏡花は作品『薄紅梅』で福山町の一葉を描写しているが、それによると、腹合せ帯をまをとこ結びにして、あまりくさくさするから湯呑で一杯きこし召していたという、鉄火《てっか》

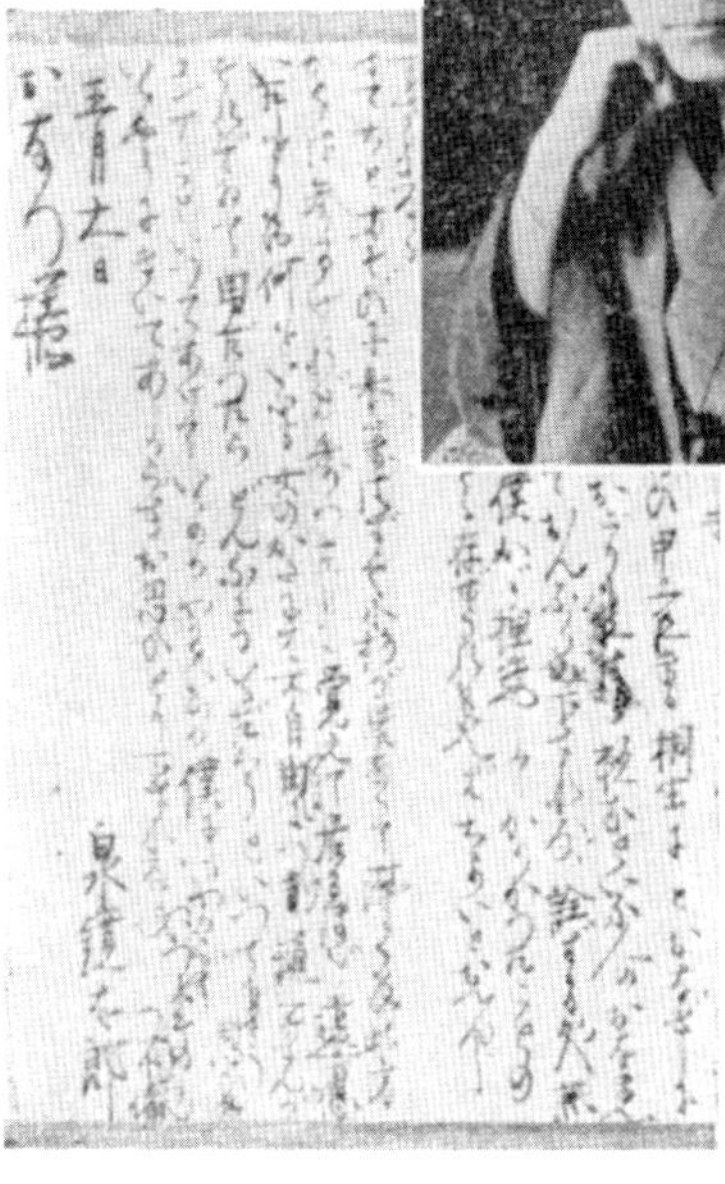
泉鏡花と一葉あての手紙

『通俗書簡文』

な女になって出てくる。一葉は乙羽に頼まれて「日用百科全書」の中の『通俗書簡文』を二十九年五月に発行した。これが一葉生前に発行された唯一の単行本であり、この印税を貰いたいために、一葉が無理に筆を続けて、そのために病勢をつのらせた、という曰《いわ》くつきの作品だが、この係をしていたのが、泉鏡花である。彼は前年の二月から戸崎町の大橋乙羽方に寄寓して「百科全書」の編輯に従い、その間『夜行巡査』『外科室』を発表して、新進の花形といわれていたが、一葉を訪ねたのは恐らく作家としてのつき合いからではなく、博文館編輯員としてであろう。そして鏡花は鏡花なりに一葉を幻想化《げんそうか》して、『にごりえ』の作者らしく、くさくさすれば一杯ぐらいひっかける女と想像したかったのであろう（実際は一葉は母滝子と違って一滴も飲めなかった）。しかし、この当時の一葉は鏡花をして、そう思わせてもおかしくないほどの年増女《としまおんな》的度胸は出来ていたろうと思われる。悲痛なすね者ではなく、洒落気《しゃれっけ》の混ったすね者の感を与えたのである。

『たけくらべ』再掲

『われから』が発表される一月前、この年一月に完了した『たけくらべ』が『文芸倶楽部』二巻五号に一括して掲載された。金銭《かね》につまった一葉が『文学界』の連載本文に若干手を入れて乙羽に頼み込んだものである。これが巻頭に載らなかったのは例によって再掲原稿であるので、それほど評判になろうとは編輯者も予想しなかったからであろう。巻頭の小説は水蔭の『泥水清水』、つづいて『秘娼伝』(畑芋之助)、『朝鮮太平記』(松居松葉)、『当

『たけくらべ』挿絵

世議士伝』(くさひで)の次に『たけくらべ』が置かれてある。因《ちなみ》に芋之助は鏡花、くさひでは小杉天外のことである。然るにこれが一度『めざまし草』の三人冗語《じょうご》にとり上げられて、鷗外・露伴の激賞するところとなるや、文壇の諸批評家も吾れ劣らじとこれを賞揚《しょうよう》し、一葉の名声は一躍文壇に轟《とどろ》いた。この間禿木・秋骨が感激して一葉を訪れたことは『水の上日記』五月二日の記事で明らかであるが、この『たけくらべ』によって一葉の名を不朽にさせたことは疑うべくもなく、一朝にして文壇一流の作家とのし上ったのである。彼女以前に星の如く輝いた三宅花圃・若松賤子、そしてこれらの先輩は一葉が心の中で競争相手《ライバル》ときめていた強敵であったが、賤子はこの時既に亡《な》く、花圃に至っては『たけくらべ』の前には全く薄れた暁の星の如き存在となった。時を得た女流作家にはこういうことは有りがちであるが、時の批評家はこの『たけくらべ』を褒めなければ、批評眼が疑われるとばかり、尻馬に乗って、喝采《かっさい》の言葉を贈ったのである。

文壇一流作家に伍す

病気の兆候

しかし、禍いは常に盃と唇との間にある。文壇の賞讃をあび一世の寵児《ちょうじ》となった一葉は、この頃から不治の病の兆候《ちょうこう》が現われ出した。

廿九年一月、新文だんに、うらむらさきの一回を出す。
されど前年より大橋乙羽庵君《きみ》と約せしかば、書かん文だけは是非つとめねばならずとてまとめしが、常に心地すぐれざりし、
七月半より病につく、
十一月二十三日午前死す、
廿五日築地本願寺にほうむる。（『かきあつめ』）

一葉病む

一葉の症状に対して妹邦子は別に次のようなことを書いている。

姉は十六歳頃安藤坂（小石川）の中島先生（歌子女史）のお宅に居ります時分から肩に凝固《かたまり》がございましたので、其の頃中島様は佐々木東洋様にお掛りになつて居らつしやる処から、おついでに見てお貰ひ申しますと、佐々木様は

「これは若し外へ発するとよろしいが、内へ入ると生命に拘はることになるかも知れない」と申されましたが、然し其後は時々肩が凝って来ることが御座ゐました位で別に大した事がありませんでしたが、
明治廿九年の春になりますと肩の凝肉《こりにく》が何時の間にか背部の方へ行ってしまひましたのです、お医者様は「熱が出なければよいが」と云ふ事でしたが、その七月頃から屢々発熱しますので、夏の暑いのに発泡《はっぽう》をしたりして熱を除《と》つたり致しました。発熱する時には床に就いて居りましても、性質《ね》が好きなものですから、気分の好い時には宅へお出での方々にお講義を致して随分根《こん》を疲らす事もござゐました。（『婦女新聞』四一年一一月）

兆候が現われ出したのは四月頃からで咽喉《のど》がはれて来て治らなかったと言われ、一葉の文名が盛んになると府下の豪商松木某から生活補助の話があり、一月末に二十円を貰っているが、これは釧之助《せんのすけ》の周旋があったからという。五月になると

春陽堂も原稿を依頼し、前金は幾らでも出すというのを一時は断ったが、六月になると、またその暮しも詰って、やはり春陽堂から三十円を取り寄せて、晦日に野々宮菊子に八円六十銭を渡して、自分と邦子のために伊勢崎銘仙一匹を買って貰った。七月十三日、亡父の墓参を邦子と連れ立ってしたが、その時例の銘仙を単衣《ひとえ》に仕立てて着て行った。しかし、この時分から他所目《よそめ》にも調子の悪いことが目立って来た。八月の初め駿河台の山竜堂病院に行って樫村清徳院長の診断を乞うたが絶望であった。緑雨が特に鷗外に頼んで、その紹介で青山胤通が診察してくれたがもはや如何《いかん》ともすべからざる容態になっていた。重態が宣告され高熱がつづいた。主治医は竹早町の三浦省軒で宮内省の侍医であった。そして時々その養子の蓮太郎が代診をしたらしい。九月になると一葉の病状は一々新聞に報道されるようになったが、九月頃はまだ人が来れば起きて会ったようである。副島八《や》十六《そろく》の日誌によれば、

初めて銘仙を買う

絶望の診断

病症悪化す

二十九年九月八日（晴・日曜）

（前略）伊東女史の紹介状を携へ直に丸山福山町に一葉女史を訪ふ。女史病をつとめて隣室に予を延《ひ》いて会談せり。談話は殆ど一時間に亘りき。

とある。また秋骨の思い出によれば、例の池のほとりに芭蕉が大きな葉を拡げていたというから、まだ秋は深くなかった頃であろう。一葉は活気こそなかったが、いつもの美しい言葉で、「皆さまが野辺をそゞろ歩いておいでの時には、蝶にでもなつて、お袖のあたりに戯れまつはりませう」などと淋しく笑ったという。しかし、十一月に入るともう全く絶望であった。孤蝶によれば、十一月三－四日頃一葉は髪を乱し、頬に赤味を呈し、東枕に寝ていた。「この暮にまたお目にかゝりませう」と言った孤蝶の言葉に対して、彼女はうめくような苦しそうな声で、「その時分には私は何に為《な》つて居ませう、石にでも為つて居ませうか」と、とぎれとぎれ言ったという。

終焉

一葉の病状が悪化して、この世を辞したのは明治二十九年（一八九六）十一月二十三日午前で、甥樋口悦氏の談によれば、多分十時頃であったという。しかし、正確な死亡時間は判らない。報知新聞は五時、国会・時事新聞は七時、毎日は十時、朝日は十一時、また単に早朝説もある。因《ちなみ》にこの日の第一回の干潮は一時三十六分、満潮は午前六時三十九分で、それから潮が引き始め午後一時九分五十九秒で引き終る。このことと人間の死との連関は科学的根拠があるわけではないが、新聞報道に五時から十一時までの幅があるのは大体この引潮時と一致する。伊東夏子の憶い出には、「邦子に、枕の向きをかへた

樋口家の墓

いから、向きかへさせてくれといつて、向をかへて貰ふと、そのまゝ呼吸が絶えた」（「一葉のこと」『婦人朝日』昭和一六年九月）とある。

遺骸は二十五日荼毘《だび》に附《ふ》せられ、築地本願寺の樋口家墓地に葬られた。法名智相院釈妙葉信女《しんにょ》。この墓は大震災後、杉並区和泉町の本願寺墓所に移された。九条武子の眠る直ぐ傍《かたわ》らにある。緑雨は通夜《つや》に際して、「霙《みぞれ》降る田町に太鼓聞く夜かな」と手向《たむ》けた。福山町へ入る角が田町であり、瘋癲《ふうてん》病院があり、そこから夜警の太鼓の音が聞えるのである。この句は二十四日の夜、川上眉山・戸川秋骨などと共に通夜の席に連なった時吟じたものである。桃水は列席しなかった。恐らく報《しら》せなかったのであろう。後一円の香奠《こうでん》を手向けている。葬儀はごく質素に行われた。

一葉の死は各新聞・雑誌に報ぜられたが、左に一ー二を挙げる。

●一葉女史逝《ゆ》く

女流小説家の巨擘《きよはく》として名を当代に擅《ほしい》まゝにし鬚眉《しゆび》の丈夫と並び立ちて遜色《そんしよく》なかりし一葉女史樋口夏子は今年秋の初めつ方より肺を患《うれ》へて文筆を廃し静かに医療を加へ居りしが、去《さ》る二十三日終に隔世の人となれり、春秋僅かに二十有六(マヽ)、先には若松賤子を亡《うしな》ひ、次で稲舟女史死し、今又此多望の人を奪《と》り去らる、何ぞ今年《こんねん》の天の才媛《さいえん》に幸《こう》せざるの甚しきや、(『読売新聞』)

○一葉女史逝く　一葉女史は逝《ゆ》けり、明治文界に異彩を放てる一葉女史は逝けり、嗚呼《ああ》一葉女史は逝けり、幽明境を隔て夢魂永く尋ぬるに由なからしむ、悲哉《かなしいかな》、

女史を識《し》れる者は皆曰く、女史は女徳に於て欠くるところなしと、女史の小説を読める者は皆曰く、女史は有数の天才なりと、才徳兼備の良媛《りようえん》一葉女史は遂に逝けり、行年《ぎようねん》僅かに二十有六(マヽ)、

天情《こころ》あらば茲に泣け、地情あらば茲に泣け、明治の異才一葉女史は僅かに二十六を以て卒《にわ》かに逝けり、吁《ああ》、悲哉、（『太陽』二九年一二月）

右文中二十六は数え年二十五歳を誤ったもの。正確に言えば二十四年九ヵ月である。

一葉死後の樋口家

一葉の死後間もなく母滝子は過労のため六十五歳の生涯を終えた。三十二年（一八九八）二月四日のことである。一人になった邦子はしばらく転々としたが、結局西村釧之助宅に出入する吉江政次と三十二年十一月結婚した。政次は西村の礫川《れきせん》堂《どう》の店を引受けて経営した。形式的には政次が樋口家の養子となっている。なお甲斐に於ける樋口家は絶家し、次兄虎之助には実子がなく、また姉ふじの子秀太郎も早く死に、樋口家の血統は妹邦子の後裔《こうえい》によって継がれることになった。

記念碑

一葉の死後、その記念碑はまず塩山《えんざん》市慈雲寺境内に建てられ、竜泉寺町には、

丸山福山町の一葉碑

竜泉寺一葉公園内一葉碑
(佐々木信綱書)

たけくらべ記念碑・旧居記念碑、福山町の旧居跡へも記念碑が建てられた。

三十六年五月、竜泉寺町の一葉公園隣接地に台東区立一葉記念館が建設された。明治時代の建築様式を取り入れた近代的建物で、会場は研究室・展示室・書庫に分れ、展示室には「たけくらべ」草稿断片、「闇桜」「花ごもり」原稿その他色紙、遺品及び一葉在住当時の茶屋町通り三百分の一立体模型と一葉宅五十分の一模型が陳列されて、参観者の目を楽しませている。

樋口家系図

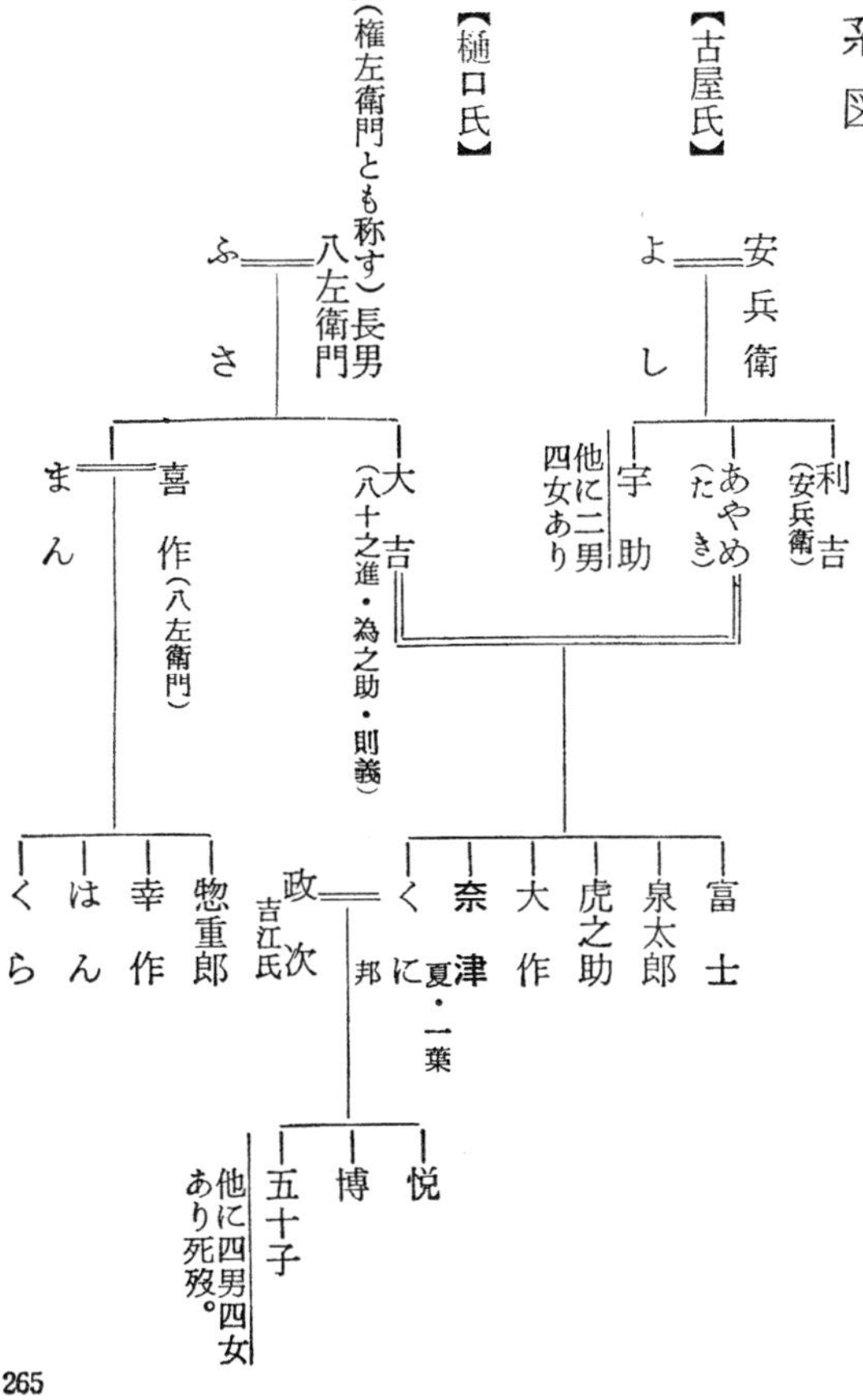
【古屋氏】
安兵衛
よし
利吉（安兵衛）
あやめ（たき）
宇助
他に二男四女あり
【樋口氏】
先代八左衛門（権左衛門とも称す）長男
八左衛門
ふさ
大吉（八十之進・為之助・則義）
喜作（八左衛門）
まん
富士
泉太郎
虎之助
大作
奈津（夏・一葉）
くに
邦
政次
吉江氏
惣重郎
幸作
はん
くら
悦
博
五十子
他に四男四女あり死歿。

略年譜

年次	西暦	年齢	事歴	参考事項
明治五	一八七二	一	父則義天保元年生、四三歳、東京府少属拝命。母滝天保五年生、三九歳。長女ふじ安政四年生、一六歳。長兄泉太郎元治元年生、九歳。次兄虎之助慶応二年生、七歳。 三月一五日、朝八時、第二大区小一区内幸町（千代田区内幸町）一番地東京府構内長屋に生る。届出名奈津○八月七日、下谷練塀町四三番地桜井方へ転居す	二月一七日、島崎藤村生る○同月二一日、東京日日新聞発刊○六月三日、佐々木信綱生る○六月、郵便報知発刊○是月、東京書籍館設立（後の帝国図書館）
六	一八七三	二	一一月二日、父東京府権中属に任ぜらる○一二月二三日、父教部省権大講義に兼補せらる	二月一〇日、平田禿木生る○同月一五日、東京府各区小学校設立方法を定め、男女六歳以上悉く就学せしめらる○同月二一日、与謝野寛生る○

				一一月四日、泉鏡花生る
明治七	一八七四	三	二月二一日、麻布三河台町五番屋舗に転居す○五月二日、長兄泉太郎・次兄虎之助第二中学区壱番小学鞆絵学校に入学す○五月二七日、家禄現米一三石奉還す、右代金四七六円一七銭受取る○六月二二日、妹くに生る○九月二四日、父東京府中属拝命○一〇月一三日、長姉ふじ駿河台東紅梅町一五番地士族和仁元利長男元亀と結婚す	一月一五日、東京警視庁を鍛冶橋構内元津山邸に置き警視長以下官等を定む○同月二七日、警視庁職制事務章程を定む○三月一三日、東京府下に女子師範学校（後の女高師）設立○一一月二日、読売新聞発刊
八	一八七五	四	七月二三日、ふじ離婚す○九月一五日、父教部省権大講義兼職を免ぜらる	一月八日、小学生徒の学齢を満六年より一四年迄とす○三月二五日、人民署名肩書は貫属或は管下の文字を除き何府県華族・士族・平民と記せしめらる
九	一八七六	五	四月四日、本郷六丁目五番地屋敷を五五〇円にて高橋小四郎より買取り同所へ転居す○同月一〇日、長兄泉太郎・次兄虎之助本郷学校に入学す○一二月二八日、父東京府中属依願免官、同日、満八年奉職せるを以て退職金一六〇円下賜さる	

一〇	一八七七	六	二月一日、泉太郎本郷学校退学、松本万年塾入塾、漢学を松本万年に就きて学ぶ○三月五日、本郷学校へ入学○同月三一日、虎之助と共に本郷学校退校、本郷吉川学校入学○是月、父霊運院境内貸地の差配をなす○一〇月一日、父警視局傭となり月給金一五円給与さる	一月二七日、警視官職制章程を定む
一一	一八七八	七	六月、吉川学校下等小学第八級卒業○一二月、泉太郎松本塾を退塾	一一月二日、初めて麹町区の区名を用う○一二月七日、与謝野晶子生る
一二	一八七九	八	一月、泉太郎小永井小舟に就き漢学を学ぶ○四月一日、くに松本塾入門○一〇月二〇日、ふじ久保木長十郎へ再婚す○一一月四日、虎之助合徳舎へ英学・数学志願のため入舎	
一四	一八八一	一〇	三月一六日、父警視庁警視属を拝命、月俸金二〇円下賜さる○四月、吉川学校退学○六月二九日、本郷六丁目住居の屋敷を他へ売却す○七月九日、下谷御徒町一丁目一四番地に転居す○同月一八日、虎之助分籍す○一〇月一四日、下谷区御徒町三の三三へ転居○一一月、池ノ端私立青海学校へ入学	

明治一五	一八八二	一二	二月、虎之助成瀬誠至へ二一年まで満六ヵ年弟子入約定○五月、青海学校小学二級後期卒業○一一月、青海学校一級前期卒業	七月、朝鮮事変勃発○八月、外山正一・井上哲次郎・矢田部良吉「新体詩抄」刊
一六	一八八三	一三	五月七日、青海学校小学中等科第一級を五番にて卒業○八月、泉太郎小永井塾退塾○一二月二三日、青海学校小学高等科第四級を一番にて卒業○同月二六日、泉太郎家督相続	
一七	一八八四	一四	一月一七日、泉太郎療養のため熱海へ三週間湯治○是月、和歌勉強のため八丁堀和田重雄に入門○一〇月一日、下谷区西黒門町二二番地へ転宅	
一八	一八八五	一五	二月九日、泉太郎明治法律学校に入学	五月、「我楽多文庫」創刊○六月、逍遙「当世書生気質」刊○一〇月、柴四朗「佳人之奇遇」刊
一九	一八八六	一六	八月二〇日、中島歌子の萩之舎に入門○一二月二日、くに敬愛学舎へ英・数・和洋裁縫修業のため入学	四月一〇日、師範学校小学校中学校各令及び諸学校通則公布○五月四日、警視庁官制を創定す
二〇	一八八七	一七	一月、泉太郎家運挽回のため大阪へ下る○二月二一日、泉太郎大阪発中仙道を経て帰京す○六月、泉太	二月、「国民之友」創刊○七月、二葉亭四迷「浮雲」第一編刊

			郎大蔵省出納局配賦課雇となる○同月二〇日、父警視庁を退職す、当時月給二五円（非職月給八円三三銭受取）○九月二〇日、泉太郎気管支カタルを病む○一一月九日、泉太郎大蔵省雇を辞す○一二月二七日、泉太郎下谷区上野西黒門町二二番地に歿す、享年二四、法号清光院釈瑞正居士○同月二九日、葬儀	
二一	一八八八	一七	二月二二日、奈津を相続戸主となす（後見人父則義）○同月、虎之助この頃芝新網町北一番地居住○五月一五日、虎之助高輪北町一九番地に転居○同月二六日、芝高輪北町一九番地へ転居（戸主虎之助）○六月一六日、荷車請負業組合東京府より認可、神田錦町一丁目一番地に事務所を置く○九月九日、神田区表神保町二番地転居	四月、三宅雪嶺政教社を結成、「日本人」を発刊○六月一〇日、花圃「藪の鶯」を金港堂より刊○七月、めざまし新聞、東京朝日新聞と改称○一〇月、「都の花」発刊
二二	一八八九	一八	二月、荷車請負業組合解散○三月一二日、神田区淡路町二丁目四番地に転居す○同月一九日〜九月一二日、この間に虎之助芝区田町五丁目一番地に寄留○五月、則義心労のため斃れ爾後起たず○七月一二日、	二月一一日、帝国憲法発布、皇室典範制定○同月、日本新聞発刊○同月露伴「露団々」（都の花）○四月、紅葉「二人比丘尼色懺悔」○八月一

			則義病歿す、法号則乗院釈義道居士○同月四日、芝区西応寺町六〇へ転居（虎之助同居）	○日、東京開都市三〇〇年記念会上野公園にて執行○同月、鷗外「於母影」（国民之友付録）○一〇月一八日、来島恒喜、外務大臣大隈重信を傷く○同月、「しからみ草紙」創刊○一一月、今日新聞を都新聞と改称
明治二三	一八九〇	一九	五月、萩之舎内弟子となる（九月末迄約五ヵ月）○九月末、本郷菊坂町七〇番地へ転居	一月、鷗外「舞姫」（国民之友）○二月一日、徳富蘇峰「国民新聞」発刊○七月五日、紅葉「伽羅枕」（読売新聞）○八月、露伴「一口剣」（国民之友）○同月、賤子訳「小公子」（女学雑誌）
二四	一八九一	二〇	四月一五日、野々宮（後荘司）きく子の紹介により南佐久間町に半井桃水を訪う○五月八日、朝日新聞主幹小宮山天香（即真）を識る○七月一〇日、初めて田中みの子と上野図書館へ赴く○一〇月一四日、邦子・きく子より桃水とたみ子の醜聞をきく○同月二七日、桃水妹幸子戸田成年と結婚のため福岡県久	四月、浪六「三日月」○五月一一日巡査津田三蔵露国皇太子を傷く○六月二五日、佐々木弘綱歿○七月、緑雨「かくれんぼ」○八月、紅葉「二人女房」（都の花）○一〇月二〇日、「早稲田文学」発刊○同月二八日、

留米へ赴く○同月三〇日、桃水、弟浩とたみ子の関係を釈明す

濃尾地方大地震○一一月七日、露伴「五重塔」（国会新聞）

二五　一八九二　二一

二月四日、桃水宅訪問、雑誌発行のことを聞く、「闇桜」起案○同月一四日、「闇桜」脱稿○三月一八日、桃水、本郷西片町へ転居の挨拶旁々はじめて来訪○同二三日、「闇桜」を「武蔵野」第一編に発表○同月二七日、桃水より心中小説（後の「別れ霜」）を「改進新聞」に紹介せんとの話あり○四月四日〜一八日（推定）、「別れ霜」を「改進新聞」に浅香のぬま子の筆名にて連載○同月一七日、「たま襷」を「武蔵野」第二編に発表○同月二五日〜二六日、「読売新聞」に中島歌子伝を掲載○五月五日、西隣の家（菊坂町六九番地）に転居○同月九日、「五月雨」脱稿○六月三日、中島歌子の母いく歿、一日より萩之舎に泊り込み手伝う○同月四日、歌子の代理としてみの子と共に桜雲台における小出粲の歌会に出席○同月一二日、歌子の母一〇日祭の折、伊東夏子より桃水との関係を詰問さる○同一四日、歌子より桃水

三月二三日、「武蔵野」発刊○四月一〇日、東京神田・日本橋両区火災○六月九日、画家月岡芳年歿○七月二三日、「武蔵野」第三編発行、本号を以て廃刊○同月、鷗外「水沫集」○一〇月六日、中島信行伊太利特命全権公使に任、妻湘煙同道○一一月一日、黒岩涙香「万朝報」創刊○同月一九日、花圃、三宅雪嶺と結婚

と絶交をすすめらる○同一六日、田辺竜子より「都の花」に執筆をすすめらる○同月二二日、桃水宅を訪い表面上訣別す○七月二三日、「五月雨」を「武蔵野」第三編に発表○八月一二日、桃水神田三崎町へ転居、葉茶屋松濤軒を開店○同月二七日、歌子より淑徳女学校推薦の話あり○九月一五日、「うもれ木」脱稿、花圃宅へ持参○同月二一日、野尻理作より「甲陽新報」へ掲載の小説につき投稿を促し来る○一〇月一四日、きく子、岩手県盛岡市私立盛岡女学校へ赴任、邦子と共に送る○一〇月一八日〜二五日「経つくえ」を「甲陽新報」に春日野しか子の筆名にて連載○同月二一日、藤本藤陰はじめて来訪○同日、藤陰を訪う、「うもれ木」原稿料一一円七五銭受領、「都の花」新年号付録に執筆を依頼さる○一一月二〇日、「うもれ木」を「都の花」九五号に発表○一二月二六日、星野天知・三宅花圃を通じて「文学会」創刊号に執筆依頼○同月二八日、「暁月夜」稿料一一円四〇銭受領、稲葉鉱に歳暮を贈る

明治二六	一八九三	二二	一月二〇日、「雪の日」脱稿○二月一九日、「暁月夜」を「都の花」一〇一号に発表○同月二三日、桃水来訪、「胡砂吹く風」上下二巻贈らる○三月二一日、文学界同人平田禿木はじめて来訪○同月三一日、「雪の日」を「文学界」三号に発表○四月二二日、母・妹に内密にて桃水を訪う○六月一二日、天知へ「文学界」の寄稿断る○同月二九日、家族相談の結果商業を志す○七月二五日、下谷竜泉寺に転居○同月二三日、荒物屋中村屋忠七より仕入依頼○八月六日、荒物屋を開店○同月八日、「菓子小売」「同仕入」の鑑札下る○一〇月二日、再び図書館に通いはじむ○同月二五日、禿木来訪○一一月一五日、四ヵ月ぶりにて萩之舎訪問、社中の動静を聞く○一二月一七日、滝子金子調達のため山梨へ赴く(成らず)○同月二六日、滝子帰京○同月三〇日、「琴の音」を「文学界」一二号に発表	一月二二日、古河(河竹)黙阿弥歿○同月、「文学界」創刊○四月一四日、浪六茶屋開く○五月、子規「獺祭書屋俳話」○六月、陸軍中佐福島安正シベリア遠征を了えて帰朝○一〇月、「二六新報」発刊
二七	一八九四	二三	一月七日、向側に同業者出来る(八九番地野沢駄菓子屋ヵ)、これより商売不振○同月一〇日、禿木より	三月九日、銀婚大典挙行○同日二七日、朝鮮政府洪鐘宇・金玉均を上海に

原稿依頼の手紙来り、藤村来訪したき旨伝う○同月一三日、天知はじめて来訪○二月二日、萩之舎・西村等年始の廻礼旁々金の算段をなす、歌子より家門を起すべきことを勧めらる○同月二〇日、「花ごもり」を禿木へ送る○同月二三日、秋月と偽名して本郷真砂町なる天啓顕真術会本部に久佐賀義孝を訪い、身上相談をなす○同月二五日、禿木来訪、「女学雑誌」に田辺竜子・鳥尾ひろ子が家門を開く記事ありしを伝う○同月二八日、「花ごもり」を「文学会」一四号に発表○三月一二日、馬場孤蝶・禿木に伴われて初めて来訪○同月一三日、久佐賀訪問翌一四日、成業の暁まで物質的援助を乞う旨手紙を出す○四月三〇日、「花ごもり」を「文学界」一六号に発表○五月一日、丸山福山町へ転居○同月、萩之舎代稽古、月手当二円○六月九日、久佐賀より物質的援助の交換条件を求め来る○七月三〇日、「やみ夜」を「文学界」一九号に発表○九月末、金子借用のため村上浪六を訪う○一一月一〇日、浪六よりの金策

て暗殺○五月一五日、北村透谷自殺(二七歳)○同月、朝鮮東学党蜂起○同月、西鶴全集(上巻)発行○六月、西鶴全集(下巻)発行○七月二五日、豊島沖に清国軍艦発砲○八月一日、清国に対する宣戦の詔勅下る○九月一七日、黄海大海戦に大捷○一〇月二日、女子高等師範学校規定制定○一一月八日、仮名垣魯文歿○一一月、逍遙「桐一葉」(早稲田文学)○一二月九日、帝国文学会発会○同月二七日、「郵便報知新聞」「報知新聞」と改題

二八　一八九五　二四

成らず一〇二月三〇日、「大つごもり」を「文学界」二三号に発表
一月二〇日、戸川残花はじめて来訪、「水沫集」持参、毎日新聞の日曜付録執筆を依頼〇同月三〇日、「たけくらべ」(一―三)を「文学界」二五号に発表〇一月以降、残花より不知庵訳「罪と罰」を借覧〇四月三日、「軒もる月」を「毎日新聞」に発表〇同月上旬、安井てつ子入門〇同月二〇日、大橋乙羽、桃水の紹介により来訪〇五月五日、「ゆく雲」を「太陽」五号に発表〇同月七日、上田敏(柳村)、孤蝶・禿木に伴われて初めて来訪、文学界同人の往来頻繁となる〇同月二四日、乙羽を訪問、はじめて妻とき子に逢い、「経つくゑ」を修正す、以後とき子の竹柏園出詠歌を添削す〇同月二六日、孤蝶・禿木に伴われて、川上眉山はじめて来訪〇六月二日、眉山来訪、小説専念を勧む〇同月三日、三崎町に桃水を訪うたみ子の子千代にあう〇同月二〇日、「経つくゑ」を「文芸倶楽部」に再掲〇七月一二日、読売新聞記

一月三日、紅葉「不言不語」(読売新聞)〇同月、「帝国文学」発刊〇同月、「太陽」発刊〇同月、「文芸倶楽部」発刊〇同月、眉山「大盃」(文芸倶楽部)〇二月、清国北洋艦隊提督丁汝昌自殺〇四月一七日、下関条約(日清講和)成立〇同月二三日、露・仏・独三国干渉〇四月、鏡花「夜行巡査」(文芸倶楽部)〇五月一三日、下関条約批准公布〇九月二日、孤蝶彦根中学へ赴任〇一二月一〇日、花圃「萩桔梗」(文芸倶楽部)〇同日、賎子「わすれがたみ」(文芸倶楽部)〇同日、薄氷「黒眼鏡」(文芸倶楽部)〇同日、楠緒「暮ゆく秋」(文芸倶楽部)〇同日、稲舟「し

明治二九　一八九六　二五

者関如来月曜付録に執筆依頼○八月二七日〜三一日「うつせみ」を「読売新聞」に発表○九月二〇日、「にごりえ」を「文芸倶楽部」に発表○同月末、如来縁談を依頼○一二月一〇日、「やみ夜」を「文芸倶楽部」の「閨秀小説号」に再掲（この時のみなつ子の署名あり）、「十三夜」を同誌上に発表

一月一日、「この子」を「日本の家庭」に発表○同月四日、「わかれ道」を「国民之友」二七七号春季付録に発表○同月八日、斎藤緑雨より来信○同月、眉山と結婚の噂を聞いて憤る○同月、府下の豪商松木某より生活補助の話あり、月末二〇円を貰う○二月五日、「大つごもり」を「太陽」二巻三号に再掲○同日、「うらむらさき」を「新文壇」二号に発表○四月三〇日、「たけくらべ」を「文芸倶楽部」二巻五編に一括発表○同月、咽喉はれ、病症あらわる○五月一〇日、「われから」を「文芸倶楽部」に発表○同月二四日、緑雨はじめて来訪○同月二五日、「通俗書簡文」発行○同月二六日、「あきあはせ」

ろばら」（文芸倶楽部）○同日、雪子「手箱の内」（文芸倶楽部）○同日、石榑わか子「刷毛彩色」（文芸倶楽部）○同日、竹屋雅子「閨秀小説の奥に」（文芸倶楽部）

一月三一日、鷗外「めさまし草」発刊○二月五日、末広鉄腸歿○同月一〇日、若松賤子歿○同月二六日、紅葉「多情多恨」前編（読売新聞）○五月二六日、「うらわか草」発刊○七月、柳浪「今戸心中」（文芸倶楽部）○同月、鉄幹詩歌集「東西南北」刊○九月一〇日、田沢稲舟歿（一九歳）○九月一二日、紅葉「多情多恨」後編（読売新聞）

（「すずろごと」の大半に前書を付せるもの）を「うらわか草」に発表○同月二九日、緑雨来訪、「われから」の批評につき質す○五月〜六月、この頃鏡花来訪（既に前年末より交際せしものと思わる）○六月二日、前田曙山原稿依頼に来訪、「めさまし草」同人三木竹二（森篤次郎）来訪、「めさまし草」合評に加入を勧め、緑雨について警告す○同月一一日、竹二来訪、合評会の日決定、但し後断る○同月二〇日、桃水来訪、緑雨につき警告○同月二三日、春陽堂より三〇円前借○七月一三日、築地本願寺へ最後の墓参○同月一四日、読売新聞記者平田骨仙、眉山の紹介にて来訪○同月中旬、この頃病床に就く○同月二〇日、幸田露伴、竹二に伴われて初めて来訪、「めさまし草」合作小説執筆依頼○同月二二日、緑雨来訪、「めさまし草」入会をとどむ、日記中断のまま擱筆○同月、「智徳会雑誌」に和歌掲載○同月、歌反古・断片この頃執筆か○八月初旬、駿河台山竜堂病院にて絶望を宣告さる○八月一九日、「読売新聞」一葉の病気を報ず○九月三日、毎日新聞病状小康を得たるを発表○同月八日、伊東夏子の紹介により副島八十六来訪○是秋、緑雨の依頼により鷗外の紹介にて青山胤通来診、絶望を宣告さる○一一月三日(或は四日)、孤蝶見舞に来訪して彦根へ帰任○同月二三日、午前死去○同月二四日、眉山・秋骨・緑雨等通夜○同月二五日、葬儀執行、会葬者一〇余名、遺骨は荼毘に付し、本願寺樋口家墓地に葬る(現在杉並区和泉本願寺墓所)、法名智相院釈妙葉信女

参考文献

一　一般研究

湯地　孝『樋口一葉研究』　至文堂　大正一五年一〇月

平林たい子『樋口一葉論』(新潮)　新潮社　昭和　四年一一月

今井　邦子『樋口一葉』　万里閣　昭和一五年　七月

和田　芳恵『樋口一葉』　十字屋　昭和一六年一〇月

相馬御風・幸田露伴他「樋口一葉論」(樋口一葉全集別冊『樋口一葉研究』)　新世社　昭和一七年　四月

塩田　良平「樋口一葉」(『明治女流作家』)　青梧堂　昭和一七年　七月

板垣　直子『評伝樋口一葉』　桃蹊社　昭和一七年　八月

樋口　悦編『一葉に与へた手紙』　今日の問題社　昭和一八年　一月

石山　徹郎
榊原　美文『評釈伝記 樋口一葉』　日本評論社　昭和一八年　三月

平田　禿木「樋口一葉」他（『文学界前後』）　四方木書房　昭和一八年　九月
和田　芳恵『樋口一葉の日記』　今日の問題社　昭和一八年　九月
生田　花世『一葉と時雨』　潮　文　閣　昭和一八年一〇月
塩田　良平「一葉と天知」（『明治の作家と作品』）　京都印書院　昭和二二年　二月
塩田　良平「樋口一葉論」（『望郷』）　望　郷　社　昭和二三年　一月
馬場　孤蝶「樋口一葉女史について」他（『明治文壇の人々』）東　西　出　版　社　昭和二三年　六月
勝本清一郎「一葉・われは女なりけるものを」（『自由婦人』）自　由　婦　人　社　昭和二三年八〜九月
宮本百合子「清風徐に吹来って」（『婦人と文学』）　実業之日本社　昭和二三年一二月
田辺　夏子『一葉の憶ひ出』　潮　鳴　会　昭和二四年一二月
塩田　良平「一葉に与へた桃水の文学的影響」（『国語と国文学』）至　文　堂　昭和二七年　三月
成瀬　正勝「樋口一葉」（『日本文学講座』第五巻所収）　河　出　書　房　昭和二七年　二月
塩田　良平「樋口一葉と半井桃水」（『明治大正文学研究』）東　京　堂　昭和二七年一〇月
関　　良一「樋口一葉研究」（パンフレット）　昭和二八年　八月
塩田　良平「一葉伝記攷証」（『大正大学研究紀要』）　大正大学出版部　昭和二九年　二月

和田　芳恵『樋口一葉』　新潮社　昭和二九年　七月

和田芳恵編『樋口一葉』（日本文学アルバム）　筑摩書房　昭和二九年　九月

諸　　家「一葉・晶子の研究」（『明治大正文学研究』）　東京堂　昭和三一年　四月

藤井　公明「樋口一葉」―その生活と作品―（『香川大学学芸部研究報告』）　香川大学　昭和三一年　四月

諸　　家「一葉研究・年譜・文献その他」（一葉全集『第七巻』）　筑摩書房　昭和三一年　六月

近代文学研究室『樋口一葉』（近代文学研究叢書）　昭和女子大光葉会　昭和三一年　六月

塩田　良平『樋口一葉研究』　中央公論社　昭和三一年一〇月

和田　芳恵『一葉の日記』　角川書店　昭和三二年　七月

和田　芳恵『樋口一葉』（角川文庫）　角川書店　昭和三二年　七月

諸　　家「樋口一葉の総合研究」（『国文学』）　学燈社　昭和三二年一一月

和田　芳恵「樋口一葉」（『近代文学鑑賞講座』）　角川書店　昭和三三年一一月

藤井　公明「樋口一葉」（『香川大学学芸部研究報告』）　香川大学　昭和三四年　八月

村松　定孝『評釈樋口一葉』　実業之日本社　昭和三四年　九月

二 作品研究・地理考証

鈴木敏也『たけくらべ評釈』 目黒書店 昭和七年一月

長谷川時雨『評釈 一葉小説全集』評釈 冨山房 昭和一三年八月

馬場孤蝶『真筆版たくらべ』解説 博文館 昭和一七年一一月

塩田良平『雛鶏』本文解説（『婦人朝日』） 朝日新聞社 昭和二八年一〜三月

大野茂男『たけくらべ通釈』 国文社 昭和二八年五月

関良一「にごりえ考」（『文学』） 岩波書店 昭和二九年一月

次田潤『評釈 一葉名作集』 明治書院 昭和三二年四月

関良一語釈 和田芳恵鑑賞「たけくらべ」（『解釈と鑑賞』） 至文堂 昭和三二年七月〜三三年一二月

塩田良平『評解 たけくらべ・にごりえ』 山田書院 昭和三三年五月

大野茂男『校注 たけくらべ・にごりえ』 明治書院 昭和三五年四月

上島金太郎「大音寺前考証」（『国文学』） 学燈社 昭和三二年九月〜三三年一二月

著者略歴

明治三十二年生れ
大正十五年東京大学国文学(選)科卒業
二松学舎大学学長兼教授、立教大学教授、実践女子大学教授、大正大学教授等を歴任、文学博士
昭和四十六年没

主要著書
近代日本文学論　明治女流作家　概観明治文学
現代日本文芸史　明治文学史　樋口一葉研究
たけくらべ・にごりえ評解

人物叢書　新装版

樋口一葉

昭和三十五年七月二十五日　第一版第一刷発行
昭和六十年十月一日　新装版第一刷発行
平成七年八月二十日　新装版第三刷発行

著者　塩《しお》田《だ》良《りょう》平《へい》
編集者　日本歴史学会
代表者　児玉幸多
発行者　吉川圭三
発行所　株式会社 吉川弘文館
東京都文京区本郷七丁目二番八号
郵便番号一一三
電話〇三―三八一三―九一五一〈代表〉
振替口座〇〇一〇〇―五―二四四
印刷＝平文社　製本＝ナショナル製本

『人物叢書』(新装版)刊行のことば

人物叢書は、個人が埋没された歴史書が盛行した時代に、「歴史を動かすものは人間である。個人の伝記が明らかにされないで、歴史の叙述は完全であり得ない」という信念のもとに、専門学者に執筆を依頼し、日本歴史学会が編集し、吉川弘文館が刊行した一大伝記集である。

幸いに読書界の支持を得て、百冊刊行の折には菊池寛賞を授けられる栄誉に浴した。

しかし発行以来すでに四半世紀を経過し、長期品切れ本が増加し、読書界の要望にそい得ない状態にもなったので、この際既刊本の体裁を一新して再編成し、定期的に配本できるような方策をとることにした。既刊本は一八四冊であるが、まだ未刊である重要人物の伝記についても鋭意刊行を進める方針であり、その体裁も新形式をとることとした。

こうして刊行当初の精神に思いを致し、人物叢書を蘇らせようとするのが、今回の企図である。大方のご支援を得ることができれば幸せである。

昭和六十年五月

日本歴史学会

代表者 坂本太郎

〈オンデマンド版〉
樋口一葉

人物叢書　新装版

2020年（令和2）11月1日　発行

著　者　塩《しお》田《だ》良《りょう》平《へい》

編集者　日本歴史学会
代表者　藤田　覚

発行者　吉川道郎

発行所　株式会社　吉川弘文館
〒113-0033　東京都文京区本郷7丁目2番8号
TEL　03-3813-9151〈代表〉
URL　http://www.yoshikawa-k.co.jp/

印刷・製本　大日本印刷株式会社

塩田　良平（1899～1995）

ISBN978-4-642-75017-2